La cocina de isasaweis

BELLEZA POR DENTRO Y POR FUERA

100 RECETAS ÚNICAS

OBERON

Diseño y maquetación:
CRUZ MARIÑO

Primera edición, noviembre 2014
Segunda edición, diciembre 2014
Tercera edición, diciembre 2014
Cuarta edición, enero 2015
Quinta edición, febrero 2015
Sexta edición, marzo 2015
Séptima edición, mayo 2015

Juan Ignacio Luca de Tena 15
28027 Madrid
Depósito legal: M.28.890-2014
ISBN: 978-84-415-3638-8
Printed in Spain

A mi marido y a nuestros hijos,
Mateo y Sancho. Sois mi vida.

índice

16 agradecimientos
18 introducción

de picoteo o para empezar

22 canapés de queso y pimientos caramelizados
24 pañuelitos de trigueros
26 bocados de dátil y almendra envueltos en bacon
28 brochetas mar y tierra con vinagreta
30 hummus
32 pastel de cabracho
34 patatas cajún
36 pimientos italianos rellenos de tortilla de patata
38 falafel con salsa de yogur
40 croquetas ligeras de zanahoria
42 langostinos con corteza de fideos crujientes
44 tostas de tomate a la parrilla con albahaca fresca y pasta de anchoas
46 bombones de jamón y bombones de salmón

¿quién dijo que las ensaladas son solo verde?

50 ensalada de tomate y queso de cabra con aliño especial
52 ensalada de cuscús con ahumados, pasas y piñones
54 ensalada china con aliño auténtico
56 ensalada griega de patata con habitas y alcachofas
58 ensalada templada de jamón, trigueros y pera a la parrilla con aliño de mostaza y miel
60 ensalada de salmón con vinagreta de cítricos y salsa de yogur

índice

¡no hay nada más reconfortante que una buena sopa!

64 sopa de cebolla gratinada
66 sopa de invierno
68 la sopa de pescado de abuelita
70 crema suave de patata con salmón ahumado
72 sopa de pollo, puerro y maíz
74 salmorejo
76 vichyssoise
78 gazpacho de sandía
80 sopa castellana de ajo, con huevo y taquitos de jamón
82 crema de guisantes con crujiente de jamón

¿platos únicos?

86 pastel de carne y tortilla de patata envuelto en bacon
88 lasaña de carne a la boloñesa
90 musaka griega
92 cuscús de hortalizas con pasas y almendras
94 lentejas estofadas
96 fabas con almejas
98 garbanzos guisados de la tía mari
100 pastel americano de pollo a la jardinera
102 arroz al microondas con verduritas y jamón
104 empanada fácil de atún o bonito
106 pastel de repollo y carne con morcilla de arroz y salsa de tomate
108 tortilla guisada
110 hojaldre de bacon y queso con dátiles
112 tajine o tajín de koftas y huevos
114 ñoquis

índice

para los amantes de la carne

118 carne al curry con pasas
120 albóndigas de tatá
122 estofado de ternera
124 costillas al horno con patatinas
126 pechugas mozárabes
128 pechugas de pollo en escabeche de naranja y romero
130 pollo al limón
132 muslos de pavo en salsa deliciosa
134 lomo relleno de jamón y queso con corteza de mostaza dulce
136 filetes de lomo en salsa de setas
138 lomo a la naranja con salsa de caramelo

para los que prefieren el pescado

142 buñuelos ligeros de bacalao y patata
144 bacalao de tatá
146 cazuela de merluza en salsa verde con almejas y gambas
148 merluza rellena de tortilla de cebolla y salmón ahumado
150 mejillones en salsa picante
152 tigres del tío ramón
154 pulpín con patatines de mi prima ana
156 curry de langostinos
158 salmón al horno con bechamel de langostinos

índice

para poner el broche de oro

162 tiramisú
164 arroz con leche asturiano
166 coulant de chocolate
168 las torrijas de abuelita
170 pasteles de arroz vascos
172 panchineta
174 tarta de queso de mamá
176 tarta de manzana con crema y compota
178 tarta guiness
180 molde de galletas con crema de café y nuez
182 tarta de tres capas de chocolate
184 tarta fácil de frutas con crema pastelera
186 tarta de trufa con fresas y frosting de queso

para el desayuno, la merienda o el cafetín

190 palmeritas de hojaldre
192 galletas escocesas de mantequilla
194 rosquillas de anís
196 carajitos de avellana
198 trenzas de brioche
200 hojaldritos de miel
202 casadiellas de nuez
204 bizcocho de naranja
206 bizcocho de nata y nueces
208 bizcocho de chocolate fácil
210 magdalenas de nata
212 muffins de arándanos
214 galletas de avena y naranja con aceite de oliva
216 craqueladas de chocolate
218 sockerkringla suecos

índice

¡toma buena nota!

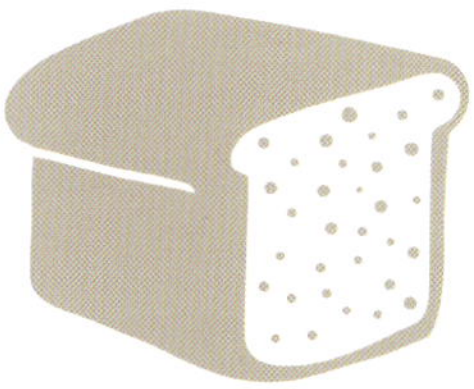

222 bechamel fácil, rápida y sin grumos
224 mayonesa y salsa rosa caseras
226 masa de pizza casera
228 pan para principiantes
230 crema pastelera fácil

¡atrévete a probar cosas nuevas!

234 bulgur gratinado con tomates-aceitunas negras y queso feta
236 quinoa con setas, tomates y hierbas frescas
238 mijo aromático con verduritas y piñones

agradecimientos

- **A mi marido,** por su apoyo y por toda su ayuda. También por ser mi mejor y más maravilloso crítico.
- **A Mateo,** por todo lo que me ha enseñado desde que nació.
- **A Sancho,** por todo lo que me enseñó antes de nacer.
- **A toda mi familia,** marido, hijos, padres, hermanos, tíos, primos, abuelos... por su cariño y por ser el pilar de mi vida.
- **A Alberto y Ricardo,** por las horas extras, por su esfuerzo y por todo el trabajo.
- **A Anaya,** por confiar en mí y por dejar que este libro entre a formar parte de esta gran editorial.
- **A Susana,** por su ayuda y por tener comunicado durante estos meses su WhatsApp con el mío, las 24 horas, los 7 días de la semana.
- **A Cruz,** por la inspiración que le llegó para reflejar en un libro el espíritu de isasaweis.
- **A Irene y a Ana,** por captar con sus fotografías y transmitir tan bien nuestra pasión por la cocina.
- **A Rubén,** por su arte, y por llegar a tiempo.
- **A Darío,** por su amistad, por las risas y por sacar con su talento lo mejor de mí en cada fotografía.
- **A vosotros,** mi segunda familia, os he dejado para el final porque me voy a extender. ¿Qué deciros a vosotros? Pues nada que no sepáis ya. Porque ya sentís el inmenso cariño que os tengo. Ya conocéis la ilusión que me hace cada uno de vuestros comentarios, vuestras cartas, vuestros emails, vuestras fotografías... Ya sabéis lo mucho que os quiero y lo mucho que os debo, lo feliz que me hace vuestra compañía y la necesidad que siento de decíroslo cada día. Ahora os estoy agradecida por una cosa más, que me hayáis brindado la oportunidad de escribir este libro. Así que a vosotros, los que ya me conocíais y habéis recibido con tanta ilusión mi primer libro de cocina, mil gracias. Espero que esté a la altura de lo que esperáis de él. A quienes me habéis conocido hoy, bienvenidos a esta gran familia. Pasad y poneos cómodos, aquí ya sois uno más.

introducción

No sé por dónde empezar... Me emociono. Aquí me tenéis, escribiendo la introducción a mi libro de cocina. ¿Veis la que hemos liado? Hace algo más de cinco años, con la ilusión de compartir las cosas que yo hacía en mi casa, publiqué mi primer vídeo. Fuisteis vosotros los que comenzasteis a acompañarme cada día, a animarme a que continuara con esto y a dejarme que os abriera una ventanita a mi casa, a mi cocina, a mis cosas, a mí... Y aquí estamos, tanto tiempo después, y con este cariño tan enorme que nos tenemos, seguimos compartiendo nuestras cosas día a día en esta gran familia que hemos formado.

Ahora, gracias a vosotros que veis mis vídeos de recetas, que dejáis comentarios en ellas, que me preguntáis dudas en la web o a través de las redes sociales, que me enseñáis fotos orgullosos de vuestros resultados, y que cocináis para vuestras familias o para vuestros amigos, y luego les decís "¡La receta es de isasaweis!"... Gracias (mil gracias) a todos vosotros, hoy se hace posible este sueño, que es el de publicar mi primer libro de cocina.

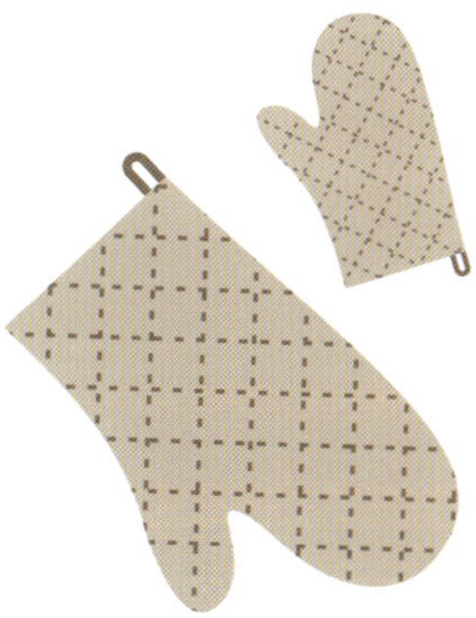

Me conocéis. Sabéis que me encanta la cocina. Que disfruto cocinando y transmitiendo esta pasión que siento a todo el mundo... Podéis imaginaros lo feliz y emocionada que estoy porque me hayáis hecho este regalo.

He escrito este libro en secreto durante varios meses, muriéndome de ganas de contaros cuando me preguntabais que si no escribiría algún día un libro de cocina. Ahora que por fin se publica, me siento nerviosa y emocionada, porque deseo que sintáis el cariño y la ilusión que le he puesto, y la dedicación con la que lo he ido tejiendo poco a poco, tratando de no olvidar ningún detalle y poniendo en cada receta una parte de mí.

Este no es un libro de cocina normal. Es un gracias en forma de libro. Son 100 recetas para vosotros. Para que os ilusionéis eligiendo qué vais a cocinar hoy, con quién lo vais a compartir y a quién vais a hacer llegar vuestro cariño con ello. Espero que las hagáis todas y que me vayáis contando, porque deseo que sigamos juntos mucho tiempo.

Vamos al lío, ¡a cocinar! Disfrutad y a haced disfrutar mucho a los vuestros ♥

de picoteo o para empezar

¡Me encantan las comidas de picoteo! Son variadas, llenas de bocados sorprendentes, informales y divertidas. Os voy a contar algo, y es que en mi familia somos muy frikis... En distintas ocasiones, cumpleaños o reuniones familiares, he preparado una de estas comidas para mi familia. ¡Nos reunimos muchísimos, y lo pasamos en grande! Supone bastante trabajo, pero merece tanto la pena... Cuando empiezo a sacar los distintos entrantes, canapés, brochetas, tostas... y veo cómo disfrutan: "-¡este el mejor para mí!", "¿has probado este?", "¿pero esto tan rico con qué está hecho?", "¡buenísimo, prueba éste!"... ¡Es todo un show! Y al acabar la comida, ¡hacemos votaciones! Ja,ja, siiiiii cada uno, papel y boli en mano, puntúa todos los platos según su gusto, y así obtenemos el ranking de los tres mejores de esa comida. ¿Cómo no voy a disfrutar preparándolos?

En esta sección os dejo algunos de los bocados que he cocinado para esas ocasiones. ¡Vosotros me diréis qué nota les ponéis!

canapés de queso

Y PIMIENTOS CARAMELIZADOS

¡Estos canapés son deliciosos! Siempre que los hago para alguna comida o cena los invitados se van con la receta. Los pimientos caramelizados con un sabor agridulce, junto con la cremosidad del queso y el crujiente del pan, se convierten en un bocado espectacular. ¡Tomad buena nota porque se harán imprescindibles en vuestras reuniones familiares o de amigos!

Ingredientes

- Tostadas de pan o panecillos
- Queso de untar o queso crema

Para los pimientos caramelizados

- 3 pimientos rojos
- 200 ml de agua
- 100 ml de vinagre
- 200 g de azúcar

Lavamos los pimientos y los cortamos en tiras.

Ponemos en una cazuela el vinagre, el agua y el azúcar, y removemos para que se disuelva el azúcar. Agregamos las tiras de pimiento y cocinamos manteniendo el hervor a fuego bajo, durante 1 hora hasta que estén solo ligeramente caramelizados, ya que al enfriar cogerán más consistencia. Apartamos del fuego y dejamos enfriar completamente.

En el momento de servir, untamos cada tostada de pan con una capa de queso, y disponemos encima unos pimientos caramelizados.

SUGERENCIA Para cortar los pimientos hacedlo siempre por el lado de dentro, el de la carne. Os resultará mucho más fácil que si lo hacéis por la parte de la piel que ofrece más resistencia al cuchillo. En general, no untéis nunca unos canapés con demasiado tiempo de antelación. El pan se humedecerá y cuando lo vayáis a servir ya no estará crujiente. Si os sobran pimientos caramelizados, guardadlos en un recipiente cerrado en la nevera. Se conservan muchos días en perfecto estado.

IDEA Para adelantar trabajo, haced los pimientos caramelizados un día cualquiera. Cuando aún estén calientes, rellenad con ellos unos frascos esterilizados llegando hasta el borde. Cerradlos, dadles la vuelta, y dejadlos enfriar así. Etiquetadlos con la fecha y guardadlos en la despensa. Tendréis casi todo el trabajo hecho cuando se presente una ocasión especial.

pañuelitos

DE TRIGUEROS

Estos pañuelitos, tan llamativos en la mesa, tienen un delicado y suave sabor, se sirven recién horneados aún calientes y resultan ligeramente crujientes. Además se hacen en un momento... ¿Qué más se puede pedir? ¡Un bocado exquisito que tendrás listo en 10 minutos!

Ingredientes

- Pan de molde
- Espárragos trigueros cocidos
- Mayonesa (ver receta en la pág. 224)

Cortamos con un cuchillo la corteza de las rebanadas de pan de molde y la retiramos. Aplastamos las rebanadas con un rodillo para hacerlas más grandes y finas, y untamos cada una con una capa de mayonesa.

Ponemos en cada rebanada tres espárragos trigueros en diagonal, alternando las puntas con los tallos. Doblamos las esquinas contrarias hacia el centro, cubriendo los espárragos, y las sujetamos con un palillo para que conserve la forma.

Metemos al horno a máxima potencia a gratinar durante unos minutos, hasta que estén ligeramente dorados. Sacamos del horno, retiramos el palillo, cortamos cada rebanada por la mitad y servimos enseguida.

IDEA Podéis comprar directamente pan de molde sin corteza, pero es más caro. La corteza que no utilizamos la podemos aprovechar. Dejadla secar y moledla para obtener pan rallado casero, o bien utilizadla para hacer un rico y sencillo pudin.

VARIANTE Esta combinación de sabores es deliciosa, pero si preferís probar con otros ingredientes podéis hacerlo utilizando espárragos blancos en lugar de trigueros. También podemos poner una loncha de jamón serrano o de salmón ahumado sobre la mayonesa. ¡Seguro que se os ocurren muchas más opciones!

bocados de dátil

Y ALMENDRA ENVUELTOS EN BACON

Siempre que los hago me acuerdo de mi padre... No le gustan nada los dátiles, y la primera vez que probó estos bocaditos, ¡madre mía los que comió! Ja, ja. Os lo cuento para que os animéis con ellos aunque no os guste el dátil. Junto con el bacon y la almendra combinan de maravilla, y el resultado son estos pinchitos que ¡están riquísimos!

Ingredientes

- Dátiles sin hueso
- Lonchas de bacon
- Almendras tostadas
- Aceite de oliva

Cortamos las lonchas de bacon por la mitad a lo ancho.

Introducimos en cada dátil dos almendras y lo envolvemos con media loncha de bacon. Los atravesamos con un palillo para que no se suelten y los freímos en abundante aceite caliente hasta que estén dorados.

Sacamos sobre papel absorbente para retirar el exceso de aceite, retiramos los palillos y servimos.

SUGERENCIA Procurad que las lonchas de bacon que compréis sean rectas y finas. Quedarán mejor.
Si no encontráis dátiles sin hueso, compradlos con hueso, hacedles en el centro una incisión con un cuchillo y sacad el hueso para rellenarlos con las almendras. No hay problema en hacerlo así, pero yo suelo buscarlos sin hueso porque la tarea resulta cuando menos... ¡muy pegajosa!

MÁS LIGERO Estos bocaditos son deliciosos pero no precisamente ligeros... Si queréis cuidar un poquito la línea, una vez montados podéis tostarlos en la sartén bien caliente sin echar nada de aceite, dándoles la vuelta para hacerlos por todos los lados, o bien gratinarlos en el horno a 220º hasta que estén dorados.

brochetas mar

Y TIERRA CON VINAGRETA

Al mezclar mar y tierra obtenemos combinaciones muy buenas, y ya si se trata de langostinos y bacon el éxito está asegurado. Si además añadimos una refrescante y crujiente vinagreta sobre la brocheta caliente, os podéis hacer una idea de lo espectacular de este entrante. Pero os digo más, por mucho que os imaginéis ¡os estáis quedando cortos! Hacedme caso, tenéis que probarlo...

Ingredientes

- Pan de hogaza
- Langostinos
- Lonchas de bacon

Para la vinagreta

- 3 partes de aceite de oliva virgen extra
- 1 parte de vinagre
- 1 huevo cocido
- 1 pimiento rojo
- 1 pimiento verde
- 1 cebolleta
- Sal

Cortamos el pan en rebanadas finas y las tostamos en una sartén, o bien las metemos al horno precalentado a 200° hasta que estén ligeramente doradas. Reservamos.

Pelamos los langostinos y cortamos las lonchas de bacon en 4 trozos. Ensartamos en las brochetas un langostino, un trozo de bacon doblado a la mitad, otro langostino, otro trozo de bacon, y así hasta cuatro veces.

Hacemos la vinagreta picando muy fino el huevo cocido, la cebolleta, el pimiento verde y el pimiento rojo. En un bol, echamos el aceite de oliva, el vinagre y la sal, y batimos. Añadimos el huevo y las verduras picadas y mezclamos.

Calentamos la plancha o una sartén grande a fuego fuerte, y hacemos las brochetas 1 o 2 minutos por cada lado, hasta que el langostino cambie de color y el bacon se dore.

Ponemos una brocheta sobre cada rebanada de pan, regamos con la vinagreta y servimos enseguida.

IDEA Una forma fácil y efectiva de emulsionar las vinagretas es echarlo todo en un frasco con tapa, cerrar y agitar muy bien para que se integren todos los ingredientes.

SABÍAS QUE Siempre que utilizo langostinos en una receta, procuro eviscerarlos aunque requiera un poco más de trabajo. El resultado es mucho más fino, y vuestros comensales os lo agradecerán. Para hacerlo, solo tenemos que pasar un cuchillo por el lomo del langostino, haciendo una incisión a lo largo de toda la cola. Una vez hecho, retiramos el hilo negro tirando de él o con ayuda del cuchillo, y ya tendremos los langostinos limpios para utilizar.

SUGERENCIA Haced abundante vinagreta. Regad las brochetas con ella de forma generosa justo en el momento de servir para que no se ablande el pan, y servid el resto en un cuenco para que quien quiera se eche más.

hummus

Esta crema de garbanzos originaria del mundo árabe es ideal para comenzar cualquier comida o servir como aperitivo. Se hace en un momento y resulta una crema para untar muy saludable y nutritiva, además de una delicia llena de sabores. Ideal para quienes siguen una dieta vegetariana o vegana y para quienes quieren cuidarse.

Ingredientes

Para el hummus

- 1 bote de garbanzos cocidos
- 4 cucharadas de tahini
- 2 dientes de ajo
- 1 cucharadita de comino en polvo
- 1 cucharadita de pimentón dulce
- 2 cucharadas de aceite de oliva virgen
- 1 chorro de zumo de limón
- 1 cucharadita de sal
- 1 pizca de pimienta negra
- Agua

Para servir

- Aceite de oliva virgen
- Pimentón dulce
- Garbanzos cocidos
- Pan de pita

Tostamos los panes de pita por ambos lados en una sartén caliente o en el horno a 200º hasta que se doren ligeramente. Los cortamos en porciones para obtener triángulos y reservamos.

Ponemos los garbanzos cocidos en un robot de cocina, reservando unos poquitos para decorar. Añadimos el resto de los ingredientes para el hummus, y un poco de agua, y trituramos hasta obtener una crema homogénea. Si queda demasiado espesa, agregamos un poco más de agua y trituramos de nuevo. Probamos y rectificamos a nuestro gusto.

Para servirlo, lo echamos en un cuenco, alisamos la superficie con el anverso de una cuchara y hacemos unos surcos hundiéndola ligeramente. Regamos con un chorrito de un buen aceite de oliva virgen y espolvoreamos un poco de pimentón por encima. Si queréis, también es costumbre ponerle un poco de perejil fresco picado. Por último, echamos por encima los garbanzos cocidos que habíamos reservado y servimos con los triángulos de pan de pita tostados.

SABÍAS QUE... El tahini o tahina es una pasta que se obtiene de triturar semillas de sésamo o ajonjolí. Se encuentra en tiendas de productos árabes, en la sección de comida internacional de los supermercados y en herbolarios o tiendas de dietética.

VEGETARIANOS Si sois vegetarianos seguramente ya conoceréis el hummus. Si os estáis iniciando en este tipo de alimentación, o tenéis que preparar una comida donde algún comensal es vegetariano, acordaos de esta crema de garbanzos que a todos gustará. También podréis servir los canapés de queso y pimientos caramelizados, los pañuelos de espárragos, el falafel, los pimientos rellenos de tortilla, las patatas cajún, las croquetas de zanahoria, y muchos de los platos que os presento en este libro.

SUGERENCIA Para hacer el hummus suelo utilizar un bote de garbanzos cocidos porque me resulta muy práctico, pero si preferís cocerlos vosotros, por supuesto que podéis hacerlo. Haced el hummus con ellos de la misma forma, pero en lugar de utilizar agua del grifo, aprovechad el agua de haber cocido los garbanzos, que tendrá más sabor.

pastel de cabracho

Si habéis estado en Asturias y habéis salido a comer o cenar, seguramente os habréis llevado a casa el recuerdo del riquísimo pastel de cabracho. Aquí está presente en casi todas las cartas de sidrerías y restaurantes, y aunque de unos a otros varía mucho el color, la textura e incluso el sabor, siempre resulta un entrante muy rico. Os doy mi receta, que por supuesto también lo está, y confío en que os encantará.

Ingredientes

- 1 kg de cabracho
- 1 zanahoria
- 1 puerro
- 4 huevos
- 200 ml de nata líquida para cocinar de 18 % MG
- 100 g de tomate frito
- 1 chorro de vino blanco
- Mantequilla
- Pan rallado
- 1 hoja de laurel
- Sal y pimienta negra

Para servir:

- Pan tostado
- Lechuga
- Mayonesa (ver receta en pág. 224)
- Salsa rosa (ver receta en pág. 224)

Hacemos un caldo poniendo una olla al fuego con abundante agua, el puerro, la zanahoria, la hoja de laurel y el chorro de vino blanco. Cuando empiece a hervir, incorporamos el pescado entero y cocemos durante 20 minutos. Retiramos del fuego, sacamos el pescado, y limpiamos de piel y espinas obteniendo toda la carne.

Ponemos en un bol los huevos, la nata líquida, el tomate frito y la carne del pescado. Salpimentamos y trituramos con la batidora dejando que se encuentren algunos trozos de pescado o dejándolo tan fino como deseemos.

Untamos un molde por dentro con mantequilla y espolvoreamos con pan rallado sacudiendo el exceso. Vertemos la mezcla y metemos al horno precalentado a 160º dentro de un molde más grande que tendremos con dos dedos de agua para cocinar el pastel al baño María durante 1 hora. Sacamos, dejamos enfriar y metemos en el frigorífico durante 3 o 4 horas para que coja consistencia. En el momento de servir, desmoldamos y acompañamos con pan tostado, un poco de lechuga picada, mayonesa y salsa rosa.

IDEA Para ahorrarnos el trabajo de limpiar el pescado podemos pedir en la pescadería que nos limpien 1 kg de cabracho de piel y espinas y nos saquen los filetes. Al hacer el caldo dejamos hervir durante 10 minutos solo el agua con las verduras. Echamos los filetes y hervimos durante 10 minutos más. Los sacamos y utilizamos de la misma forma.

VARIANTE Si queréis hacer este pastel y no encontráis cabracho en vuestra pescadería, podéis hacerlo con merluza en su lugar. Obviamente ya no es un pastel de cabracho, y el sabor no es el mismo, pero el resultado también es muy bueno. Si además añadís 4 o 5 palitos de cangrejo, simularéis un poco más el sabor de este rico pescado de roca.

MÁS LIGERO Para una versión más ligera, podemos sustituir la nata líquida por la misma cantidad de leche evaporada.

EN LA WEB En www.isasaweis.com encontraréis otros pasteles de pescado pastel de atún y pastel de palitos de cangrejo, muy fáciles de hacer, en tan solo unos minutos en el microondas.

patatas cajún

Tanto las patatas fritas como las patatas asadas se utilizan a menudo para acompañar muchos platos, pero las primeras no son para todos los días, por la cantidad de aceite que absorben, y las segundas por sí mismas resultan algo sosas. Estas patatas que os presento son un entrante o un aperitivo sano y muy sabroso que gustará a todos. Servidlas con una o varias salsas y divertiros "dippeando".

Ingredientes

- 1 kg de patatas de piel fina
- Aceite de oliva

Para la mezcla de especias cajún

- 2 cucharaditas de pimentón dulce
- 2 cucharaditas de cebolla en polvo
- 2 cucharaditas de ajo en polvo
- 1 cucharadita de orégano seco
- 1 cucharadita de albahaca seca
- ½ cucharadita de tomillo seco
- ¼ de cucharadita de pimienta blanca
- ¼ de cucharadita de pimienta negra
- ¼ de cucharadita de cayena en polvo o pimentón picante
- ¼ de cucharadita de comino en polvo

Lavamos muy bien las patatas sin pelarlas y las cortamos en gajos.

Las pintamos con un poco de aceite de oliva. Podemos ayudarnos de una brocha, o rociarlas con un espray, o bien ponerlas en un bol, echar un chorrito de aceite y revolver muy bien con las manos.

En un cuenco, mezclamos todas las especias y espolvoreamos la mezcla por encima de las patatas, removiéndolas de forma que queden bien cubiertas por todos los lados.

Distribuimos las patatas en la bandeja del horno sin amontonarlas y las metemos al horno precalentado a 220° durante 40 minutos. Servimos tal cual o acompañadas de alguna salsa.

SUGERENCIA Podéis servirlas acompañadas de mayonesa, salsa rosa, salsa de tomate o mostaza dulce. Para nosotros están especialmente ricas y ligeras, mojadas en yogur. En concreto utilizamos yogur de beber natural o de limón.

VARIANTE A nosotros nos gustan mucho las especias y también el picante, así que nuestra mezcla cajún es alegre. Si no es vuestro gusto, podéis prescindir de la cayena o el pimentón picante, y por supuesto omitir la especia que no os guste o añadir cualquier otra. Simplemente con el aceite, orégano y un poquito de pimienta ya están ricas. Además, al utilizar tantas especias prescindimos de la sal, pero si queréis utilizarla, podéis añadir una cucharadita a la mezcla.

IDEA Un truco para embadurnar bien las patatas con las especias es meterlas en una bolsa, echar todas las especias, cerrar y agitar bien. Esta misma idea podéis utilizarla cuando queráis enharinar o cubrir algo con pan rallado.

pimientos italianos

RELLENOS DE TORTILLA DE PATATA

De sobra es sabido que los pimientos verdes fritos acompañan de maravilla a nuestra clásica tortilla de patata. Este entrante da una vuelta a esa idea, convirtiéndola en unos bocados igual de sabrosos pero además sorprendentes y muy bonitos en el plato. ¡El éxito está asegurado!

Ingredientes

- 4 o 5 pimientos italianos

Para el relleno
- 2 patatas
- 3 huevos
- ½ cebolla
- Aceite de oliva y sal

Lavamos, pelamos las patatas y las cortamos en trozos finos, como para tortilla.

Pelamos y picamos fina la cebolla.

En una sartén con aceite de oliva freímos la cebolla y la patata a fuego medio, tapada y removiendo cada poco para que se vayan haciendo despacio sin coger color. Cuando la patata esté tierna, sacamos y escurrimos muy bien.

En un bol batimos los huevos con un poco de sal. Incorporamos la patata y la cebolla y mezclamos todo con cuidado.

Cortamos los pimientos por la parte superior con el rabo, de modo que quede un tubo para rellenar. Los sacudimos boca abajo, dando unos golpes con la mano para sacar las pepitas del interior y los rellenamos con la mezcla de tortilla. Los freímos en una sartén grande con abundante aceite a fuego medio, para que se hagan bien por dentro. Una vez fritos, los sacamos sobre papel de cocina para que dejen el exceso de aceite, los cortamos en rodajas gruesas y servimos enseguida.

SUGERENCIA Para hacer este entrante, escoged unos pimientos italianos lo más grandes y rectos posible. Os resultará más fácil rellenarlos y quedarán más bonitos al servirlos.

VARIANTE Yo siempre hago la tortilla de patata con cebolla porque me gusta el sabor y la jugosidad que aporta a la mezcla. Por el mismo motivo la utilizo para esta receta. Pero si preferís la tortilla de patata sin cebolla, también podéis prescindir de ella en esta receta y rellenar los pimientos con una mezcla solo de patata y huevo. Si os gusta, también podéis añadir unos tacos de jamón serrano o de chorizo al hacer la patata, al igual que haríais con una tortilla.

MÁS LIGERO Una vez hayamos rellenado los pimientos con la mezcla de tortilla, en lugar de freírlos podemos hornearlos. Los colocamos tumbados en una fuente y los metemos al horno precalentado a 220º durante 30 minutos hasta que los pimientos estén tiernos.

falafel

CON SALSA DE YOGUR

El falafel es una especie de croqueta muy típica en la cocina árabe. El más clásico y el que aquí os presento se hace a base de garbanzos, pero existen otras versiones en las que se utilizan otras legumbres como las habas. Es muy sano y nutritivo, apto para vegetarianos y lleno de sabores, además de una forma divertida y diferente de comer garbanzos. Podéis comerlos así como entrante, o meter 3 o 4 dentro de un pan de pita, con lechuga, tomate fresco y un poco de la salsa de yogur, y disfrutar de un kebab de falafel casero.

Ingredientes

Para los falafel

- 300 g de garbanzos crudos
- 1 cebolla
- 2 dientes de ajo
- 1 cucharadita de levadura química
- 2 cucharadas de perejil fresco
- 1 cucharada de cilantro fresco
- 2 cucharaditas de comino en polvo
- Aceite de oliva virgen, sal y pimienta negra

Para la salsa de yogur

- 1 yogur natural
- 1 diente de ajo
- Aceite de oliva virgen, menta, sal y pimienta negra

Escurrimos los garbanzos que habremos tenido a remojo toda la noche y los trituramos así, sin cocer, con ayuda de un robot de cocina o picadora hasta obtener una pasta arenosa y homogénea. Los sacamos a un bol y reservamos.

Echamos el resto de ingredientes para el falafel en la picadora, trituramos de nuevo y vertemos en el bol con los garbanzos y lo mezclamos todo. Tapamos con un paño y reservamos en la nevera durante una hora.

Con las manos mojadas cogemos porciones de la mezcla y apretamos bien para escurrirlo y desechar el exceso de líquido. Formamos bolas del tamaño de una nuez grande y las aplanamos ligeramente. Freímos los falafel echándolos en un cazo con abundante aceite caliente para que se sellen por fuera. Bajamos a fuego medio y dejamos durante 2 minutos más para que se hagan por dentro. Sacamos sobre papel absorbente.

Mezclamos en un cuenco todos los ingredientes de la salsa, y servimos los falafel recién hechos acompañados con ella.

SUGERENCIA Una vez hayamos dado forma a los falafel podemos congelarlos. A la hora de freírlos solo tendremos que tenerlo en cuenta y hacerlo a fuego más suave para que se hagan bien por dentro.

TRUCO Si os resulta difícil dar forma a los falafel probablemente sea porque la mezcla está demasiado húmeda. Para solucionarlo se puede meter toda la mezcla en un paño de cocina y retorcerlo para retirarle el máximo posible de agua. Si aun así os cuesta darles forma podéis agregar un poco de harina a la mezcla para darle consistencia.

MÁS LIGERO En lugar de freírlos podemos pintarlos con aceite y hornearlos a 200º durante 30 minutos, dándoles la vuelta cuando se hayan dorado por un lado para dorarlos por ambos.

croquetas ligeras

DE ZANAHORIA

¿A quién no le gustan las croquetas? En nuestra casa somos oficialmente "croqueteros". Seguramente hayáis comido croquetas de jamón, de huevo, de pollo, de atún... ¡hasta de setas! Pero, ¿habéis probado las exquisitas croquetas de zanahoria? Además están hechas con muy poco aceite, harina integral y leche desnatada, y el resultado no puede ser más bueno. ¡Tomad nota y hacedlas cuanto antes!

Ingredientes

- 250 g de zanahoria
- 1 cebolla
- 50 g de harina integral
- 300 ml de leche desnatada
- 3 cucharadas de aceite de oliva virgen
- Huevo batido
- Pan rallado
- Sal

Pelamos y picamos muy fina la cebolla, o mejor aún la rallamos con un rallador. Pelamos las zanahorias y las rallamos también.

En una cazuela o en una sartén profunda echamos el aceite de oliva. Cuando esté caliente añadimos la cebolla rallada y un poco de sal, y rehogamos durante 15 minutos hasta que esté transparente. Incorporamos las zanahorias ralladas, otro poco de sal, y sofreímos durante 10 minutos más.

Añadimos entonces la harina integral y mantenemos al fuego sin dejar de remover durante 2 minutos para que pierda el sabor a crudo. Apartamos del fuego, incorporamos poco a poco la leche removiendo con las varillas para integrarla y llevamos de nuevo al fuego. Continuamos removiendo durante unos minutos hasta que la mezcla esté espesa y se comience a separar de las paredes de la sartén. Lo vertemos en una fuente, tapamos con papel film colocándolo en contacto con la superficie para que no se cree una capa dura ni se forme vapor, y dejamos enfriar. Metemos a la nevera durante al menos 4 horas para que coja consistencia.

Para hacer las croquetas, cogemos porciones con ayuda de una cuchara, les damos forma, las pasamos por huevo batido y pan rallado, y las freímos en abundante aceite. Sacamos sobre papel absorbente y servimos.

SUGERENCIA Una vez pasadas por huevo y pan rallado podemos congelar las croquetas. A la hora de freírlas, solo tendremos que tenerlo en cuenta y hacerlo a fuego medio para que se hagan bien por dentro.

MÁS LIGERO En lugar de freírlas, podemos cocinarlas en el horno precalentado a 230º hasta que estén doradas. Cuando estén por un lado, les damos la vuelta y las doramos por el otro.

VEGETARIANOS Estas croquetas son deliciosas e ideales para quienes llevan una alimentación vegetariana.

langostinos

CON CORTEZA DE FIDEOS CRUJIENTES

Este aperitivo tan vistoso se puso muy de moda hace tiempo. Es muy fácil de hacer y si tus invitados no lo conocen, seguro que se sorprenderán cuando lo lleves a la mesa. Friéndolos en el último momento para servirlos calientes y bien crujientes y acompañándolos de alguna salsa para mojar, serán un éxito.

Ingredientes

- 16 langostinos
- 2 claras de huevo
- 1 paquete de fideos de arroz
- Aceite de oliva virgen
- Sal

Pelamos los langostinos quedándonos solo con las colas y las insertamos en unas brochetas a lo largo, de modo que queden bien estirados. Salamos ligeramente.

Batimos las claras de huevo en un plato y reservamos.

Troceamos los fideos de arroz con las manos y los ponemos en otro plato.

Pasamos los langostinos por la clara de huevo y a continuación por los fideos troceados, dando vueltas al langostino y apretando para que se queden bien pegados.

Freímos en abundante aceite muy caliente durante unos segundos, hasta que los fideos se hinchen. Sacamos sobre papel absorbente y servimos enseguida.

NOTA Ver el Sabías que... de la receta brochetas mar y tierra con vinagreta (pág. 28) sobre eviscerar los langostinos.

VARIANTE Para darle otro toque de sabor, cuando salemos los langostinos podemos espolvorearlos también con un poco de pimentón dulce o de curry.

SUGERENCIA Se pueden acompañar de mayonesa o salsa rosa para mojar (ver recetas en pág. 224).

tostas de tomate

A LA PARRILLA CON ALBAHACA FRESCA Y PASTA DE ANCHOAS

La mezcla de sabores mediterráneos no podía fallar. El tostado y crujiente del pan, la crema de anchoas con su punto de sal, el toque del ajo y del limón, la jugosidad del tomate y el frescor de la albahaca, aderezado todo con un buen aceite de oliva virgen y un poco de pimienta..., ¡mmm!, hacen que cada bocado resulte irresistible. ¡Este entrante es una apuesta segura!

Ingredientes

- 1 pan de hogaza o pan de chapata
- Tomates
- 6 filetes de anchoa
- Un poco de leche
- 1 diente de ajo
- 1 cucharadita de zumo de limón
- Aceite de oliva virgen
- Albahaca fresca
- Pimienta negra

Cortamos el pan en rebanadas finas y reservamos.

Ponemos las anchoas en un cuenco a remojo con la leche y las dejamos durante 15 minutos para que pierdan el exceso de sal.

Machacamos en un mortero el diente de ajo. Agregamos las anchoas escurridas y troceadas, y la cucharadita de zumo de limón y majamos todo junto hasta obtener una pasta.

Precalentamos el horno a 230º y metemos sobre la rejilla las rebanadas de pan durante unos minutos hasta que cojan un ligero color dorado. Las sacamos y aún estando calientes untamos cada rebanada de pan con una capa muy fina de la pasta de anchoas. Colocamos encima tres o cuatro rodajas de tomate, las regamos con un hilo de aceite de oliva virgen, espolvoreamos con un poco de pimienta negra recién molida y metemos al horno de nuevo durante 2 minutos, solo para que el tomate se ablande ligeramente y coja un poco de calor.

Sacamos, ponemos por encima unas hojas de albahaca fresca, unas gotas de aceite de oliva virgen y servimos enseguida.

SUGERENCIA Elegid los mejores tomates que podáis para hacer estas tostas, ya que marcará la diferencia. Procurad que estén maduros y que sean carnosos.

bombones de jamón

Y BOMBONES DE SALMÓN

¡Una delicia! Los he hecho decenas de veces para muchos amigos y familiares diferentes y a todo el mundo le gustan. Ya son un espectáculo cuando llegan a la mesa, y la combinación de sabores los convierten en un bocado exquisito. Coincido con mi hermana en que ambos están ricos, pero los bombones de jamón..., ¡esos ya son de otro mundo! No dudéis ni un instante en hacerlos, ¡sorprenderán a todos!

Ingredientes

Para los de jamón
- Lonchas de jamón serrano
- Queso de untar
- Almendras fritas
- Dátiles sin hueso

Para los de salmón
- Lonchas de salmón ahumado
- Queso de untar
- Piñones o nueces
- Eneldo fresco
- Ralladura de limón

Para hacer los bombones de jamón, picamos finos los dátiles y las almendras. Los echamos en un bol, vamos añadiendo queso de untar y mezclando, hasta obtener una crema con una consistencia que nos guste.

Pincelamos con aceite de oliva por dentro los huecos redondos de una cubitera de goma y colocamos un trozo de loncha de jamón en cada hueco, adaptándolo bien para que lo cubra todo, y de modo que sobresalga parte de la loncha. Rellenamos con la crema de queso, almendras y dátiles, y cerramos cubriendo con la parte que dejamos sobresalir de la loncha de jamón, formando así una bola. Tapamos con papel film y metemos a la nevera durante un par de horas para que cojan consistencia.

Hacemos los bombones de salmón de la misma forma, con las lonchas de salmón ahumado y una mezcla de queso de untar, piñones o nueces troceadas, eneldo fresco picado y ralladura de limón. Reservamos también en la nevera.

A la hora de servir, desmoldamos poniendo la cubitera boca abajo y apretando con cuidado, y disponemos en un plato como aperitivos de bocado.

SUGERENCIA Utilizad unas cubiteras de silicona o de goma blanda, para que permitan un desmoldado fácil, y además que no tengan unos agujeros demasiado grandes. Lo ideal es que los bombones sean pequeños, de bocado.
Elegid las lonchas de jamón más tiernas y con menos grasa que encontréis. Las lonchas de salmón ahumado, procurad que sean finas. Os será más fácil darles forma y el bombón quedará más delicado.

IDEA Estos rellenos son los que me gustan a mi, pero podéis jugar a rellenarlos con lo que prefiráis, sustituyendo unos ingredientes por otros y haciendo combinaciones que os gusten a vosotros. Como os digo, yo soy fan de los bombones de jamón en particular, el relleno de queso, dátil y almendra me encanta y lo utilizo mucho. Os dejo esta idea que he hecho muchas veces también: comprad en una pastelería o haced vosotros en casa una plancha de bizcocho fina, como para brazo de gitano. Untadla con una capa generosa de esta mezcla, enrollad y guardad en la nevera 3 ó 4 horas. Sacad, cortad en rodajas y servid. ¡Buenísimo!

TRUCO Tanto los bombones de jamón como los de salmón, podéis hacerlos un día cualquiera y tenerlos congelados. Cuando se presente la ocasión, sacadlos del congelador tres o cuatro horas antes y estarán como recién hechos.

¿quién dijo que las ensaladas son solo verde?

Las ensaladas pueden ser desde un ligero y sano acompañamiento de un plato más contundente, hasta un nutritivo y completo plato único. Yo soy de las que echan de todo a las ensaladas, ¡de todo! Hojas variadas, por supuesto. Todo tipo de verduras y hortalizas, desde tomate y zanahoria, hasta calabaza o boniato asados. Pollo, atún, jamón o queso, pero también, por qué no, tiras de ternera salteada, frutos secos, frutas frescas o desecadas, semillas... ¡Todo lo que se os ocurra tiene cabida en una ensalada! Solo es cuestión de combinar ingredientes que se acompañen bien, incluso sobre la marcha.

He recogido aquí algunas de mis ensaladas favoritas, en las que ya no improviso porque nos encantan tal y como están, y las repito una y otra vez. Espero que con ellas os hagáis como yo, ¡fans de las ensaladas!

ensalada de tomate

Y QUESO DE CABRA CON ALIÑO ESPECIAL

Os sugiero que hagáis ¡mi ensalada favorita! Lo bauticé como "aliño especial" porque no os podéis imaginar lo riquísimo que está y lo bien que funciona con el tomate, el queso y las nueces. Esta ensalada es pura delicia. Apostad por ella cuando queráis quedar de maravilla, y tened la receta bien cerca porque ¡se la vais a tener que dar a mucha gente!

Ingredientes

- Tomates maduros
- Queso de cabra tierno (u otro queso tierno y suave)
- Nueces peladas

Para el aliño especial

- Agua
- 4 cucharadas de aceite de oliva virgen extra
- 1 cucharada de vinagre suave
- 1 cucharadita de mostaza
- 1 diente de ajo
- 1 cucharadita de tomillo seco
- 1 cucharadita de azúcar
- ½ cucharadita de sal

Para hacer el aliño machacamos en un mortero el diente de ajo junto con la sal hasta obtener una pasta. Añadimos el aceite de oliva, el vinagre, la mostaza, el tomillo y el azúcar y mezclamos todo. Agregamos un poco de agua y removemos bien, para aligerar la salsa y suavizar los sabores. Probamos y rectificamos a nuestro gusto si hiciera falta.

Cortamos los tomates en gajos y el queso tierno en lonchas, más o menos del mismo grosor.

Disponemos en una fuente el tomate y el queso intercalándolos. Regamos con el aliño y espolvoreamos por encima las nueces troceadas.

Servimos con el resto del aliño aparte, para quien se quiera echar más.

IDEA En una comida multitudinaria que preparé hace tiempo para mis padres y sus amigos quería servir esta ensalada, pero me parecía engorroso llevarla en fuentes a la mesa y servir de ellas. Así que en lugar de hacerlo en gajos, piqué el tomate y el queso en dados, y la serví en vasitos individuales con unas nueces, un poco de aliño y una cucharita para comerla con facilidad. ¡Resultó un éxito!

ensalada de cuscús

CON AHUMADOS, PASAS Y PIÑONES

Hace unos años estuvimos en Cádiz y allí comimos una ensalada de cuscús con ahumados que nos resultó una delicia.
Traté de quedarme con todos los detalles y cuando volvimos a casa me puse manos a la obra. Éste fue el resultado. No sé si exactamente igual que aquella, tampoco sé si a su altura, pero sí os puedo decir que es igualmente deliciosa.

Ingredientes

- 300 g de cuscús
- 100 g de salmón ahumado
- 100 g de bacalao ahumado
- 1 puñado de uvas pasas
- 1 puñado de piñones
- Tomates cherry
- Aceite de oliva virgen extra
- Mantequilla
- Reducciónade vinagre balsámico
- Albahaca fresca
- Sal

Ponemos las uvas pasas en un cuenco, cubrimos con agua y dejamos a remojo durante media hora.

Para hacer el aceite de albahaca, escaldamos las hojas de albahaca durante un minuto en un cazo con agua hirviendo. Las sacamos a un bol de agua con hielo para que no pierdan el color verde, escurrimos y secamos con papel de cocina. Las echamos en el vaso de la batidora junto con un buen chorro de aceite de oliva virgen y trituramos.

Ponemos en un cazo al fuego el doble volumen de agua que el que tenemos reservado de cuscús, con un chorro de aceite y un poco de sal. Cuando empiece a hervir apartamos del fuego, echamos el cuscús y un poco de mantequilla, y llevamos de nuevo al fuego durante 2 minutos sin dejar de remover con un tenedor, para esponjar el cuscús.

Echamos en un bol grande el cuscús. Añadimos el salmón y el bacalao ahumado picados en trozos pequeños, los piñones y las uvas pasas escurridas, y mezclamos todo suavemente.

Emplatamos con ayuda de un aro, rellenándolo con la ensalada y apretando ligeramente la superficie con una cuchara para darle consistencia. Desmoldamos con cuidado, colocamos encima tres mitades de tomates cherry, un poco de aceite de albahaca alrededor y finalmente un hilo de reducción de vinagre de Módena. Servimos.

SUGERENCIA Las indicaciones que os doy para cocer el cuscús son las básicas, pero si el fabricante del cuscús que estáis utilizando pone otras instrucciones en el paquete, haced siempre caso a sus indicaciones.

IDEA Si os gusta esta forma de presentación y no tenéis un aro para emplatar, podéis fabricar uno con una tira de acetato o plástico duro o incluso cortando un trozo de una botella de plástico lisa.

ensalada china

CON ALIÑO AUTÉNTICO

¿Os gusta esa ensalada que nos ponen en los restaurantes chinos acompañando al rollito de primavera? Lechuga, jamón y zanahoria, con esas tiras transparentes y sobre todo con ese aliño blanco agridulce que hace que esta ensalada tan sencilla tenga algo especial. ¿Os habéis preguntado alguna vez cómo se hará? Pues tomad nota porque no puede ser más fácil y el resultado es auténtico de restaurante chino.

Ingredientes

- Lechuga iceberg
- Zanahorias
- Lonchas de jamón cocido o jamón de york
- Agar-agar

Para el aliño blanco
- 50 g de azúcar
- 60 ml de vinagre de vino blanco o de manzana
- 1 cucharada de aceite de girasol
- ¼ de cucharadita de sal

Dejamos el agar-agar en remojo toda la noche o al menos durante 4 horas para que se rehidrate.

Para hacer el aliño blanco echamos en el vaso de la batidora todos los ingredientes y trituramos durante 3 o 4 minutos para que emulsione bien. Dejamos reposar.

Troceamos con las manos las hojas de lechuga y las disponemos en una fuente. Colocamos encima el jamón de york cortado en tiras, la zanahoria en bastones finos y el agar-agar que habremos escurrido.

Regamos la ensalada con abundante aliño y servimos el resto en un cuenco aparte para quien quiera echar más.

SABÍAS QUE... El agar-agar es un polisacárido que se obtiene de algunas algas. Se encuentra en grandes supermercados normalmente en la sección de dietética, en herbolarios y en tiendas especializadas.

IDEA Esta es la ensalada básica que siempre he visto en restaurantes chinos, pero a veces las he encontrado con otros ingredientes añadidos como brotes de soja o maíz dulce. Si queréis añadirle alguno de estos ingredientes o cualquier otro, hacedlo a vuestro gusto, pero ¡nunca olvidéis el aliño blanco!

ensalada griega

DE PATATA CON HABITAS Y ALCACHOFAS

Me animé con esta ensalada porque había comprado una bolsa de habas tiernas congeladas y no terminaba de saber qué hacer con ella. Me gusta comer variado y probar todo tipo de alimentos, pero la verdad es que las habas tiernas son uno de los que menos consumo, de ahí mi poco repertorio de ideas con ellas. Bueno, ¡pues vaya acierto! La patata caliente con el huevo cocido, en contraste con el frescor de la cebolleta y la acidez de la alcachofa en conserva, la maravillosa cremosidad del haba tierna, y todo unido con una salsa de yogur, ajo, limón..., mmm. Resulta un saludable y nutritivo plato muy completo y lleno de sabores. ¡Cuidarse así es un placer!

Ingredientes

- 500 g de patatas para cocer
- 125 g de habas tiernas congeladas
- 1 cebolleta
- 2 huevos
- 6 corazones de alcachofas en conserva

Para el aliño

- 1 diente de ajo
- 1 cucharadita de mejorana seca o de orégano seco
- 1 yogur natural
- Aceite de oliva virgen extra
- Zumo de limón
- Sal y pimienta negra

Cocemos las patatas sin pelar en una olla con abundante agua con sal hasta que estén tiernas. Sacamos, pelamos y cortamos en trozos grandes.

Cocemos los huevos en un cazo con agua durante 10 minutos. Pelamos y cortamos en cuartos.

Ponemos otra olla al fuego con abundante agua con sal. Cuando empiece a hervir agregamos las habas tiernas congeladas y cocemos durante 5 minutos una vez que recupere el hervor. Apartamos del fuego, escurrimos y reservamos.

Mezclamos en una ensaladera las patatas troceadas aún calientes, las habas tiernas, la cebolleta picada fina, los corazones de alcachofa cortados a la mitad y los huevos cocidos en cuartos.

Para hacer el aliño machacamos en un mortero el diente de ajo con un poco de sal hasta obtener una pasta. Agregamos el aceite de oliva y el zumo de limón y mezclamos bien. Incorporamos el yogur, la mejorana o el orégano, y un poco de pimienta, y mezclamos. Vertemos el aliño sobre la ensalada, envolvemos todos los ingredientes con cuidado y servimos.

SUGERENCIA

Si os gustan las aceitunas negras, añadidle un buen puñado. Combinan de maravilla. También podéis servir con la ensalada unos tomates frescos, carnosos y maduros cortados en gajos.

ensalada templada

DE JAMÓN, TRIGUEROS Y PERA A LA PARRILLA CON ALIÑO DE MOSTAZA Y MIEL

Cuando decidí incluir esta ensalada en el libro le pregunté a mi marido "¿Te acuerdas cuándo hice esta ensalada por primera vez?", "Síííí, fue para invitar a mi madre a comer..." ¡Suegriiii! Y es que nos dijo muchas veces lo mucho que le había gustado, ya nos quedó ese recuerdo y ahora nos acordamos de ella cada vez que la hago. Jamón serrano, trigueros, pera y queso de cabra, cada ingrediente pasado por la plancha y servido templado con un aliño de mostaza dulce... suena de maravilla, ¿verdad?

Ingredientes

- 1 escarola
- 12 lonchas de jamón serrano
- 2 manojos de espárragos trigueros
- 2 peras de piel fina
- 120 g de rulo de queso de cabra
- Aceite de oliva virgen extra y cebollino fresco

Para el aliño

- 4 cucharadas de aceite de oliva virgen extra
- 2 cucharadas de vinagre de vino blanco o de manzana
- 1 cucharadita de mostaza Dijon
- 1 cucharadita de mostaza a la antigua
- 1 cucharadita de miel
- 1 pizca de sal

Mezclamos en un cuenco todos los ingredientes del aliño y batimos bien para emulsionarlo. Probamos y rectificamos a nuestro gusto. Reservamos.

Ponemos una sartén grande al fuego. A ser posible utilizaremos una sartén con estrías, tipo parrilla.

Retiramos el extremo leñoso de los espárragos trigueros y los hacemos en la sartén con un poco de aceite de oliva. Reservamos.

Utilizando la misma sartén, pasamos las lonchas de jamón, solo vuelta y vuelta, y reservamos.

Cortamos las peras en cuartos, retiramos el corazón, y cortamos de nuevo cada cuarto a la mitad para obtener ocho cuñas. Las pasamos por la sartén dorándolas ligeramente por ambos lados. Reservamos.

Colocamos la escarola lavada y bien escurrida en una fuente. Disponernos encima los espárragos trigueros, las lonchas de jamón y los gajos de pera aún calientes. Desmenuzamos el queso de cabra por encima de la pera y regamos todo con el aliño. Espolvoreamos con un poco de cebollino fresco picado y servimos.

VARIANTES Se puede sustituir el queso de cabra por otro queso cremoso que funda bien. Para darle más personalidad, podéis utilizar un queso azul tipo Gorgonzola. En este caso, animaos también a añadir unas nueces troceadas. Otro fruto seco que le va muy bien a esta ensalada son las avellanas.

ensalada de salmón

CON VINAGRETA DE CÍTRICOS Y SALSA DE YOGUR

La idea de esta ensalada me la dio mi hermano. A él también le encanta hacer de cocinillas, y cuando prueba algo rico le saca una foto y me la envía por WhatsApp para darme ideas jaja ¡Qué modernos nos hemos vuelto! Un día me envió una foto de una ensalada de salmón con lo que parecía una vinagreta de cítricos y alguna cosa más... No supo darme muchos detalles pero sí ¡que estaba buenísima! Y bueno, imaginando qué podría ser cada cosa y qué ingredientes añadir que combinaran bien, nació esta deliciosa ensalada para hacer en momentos y con personas especiales.

Ingredientes

- 1 lomo de salmón
- 1 bolsa de canónigos
- Sal en escamas o sal Maldon

Para la vinagreta de cítricos

- 2 naranjas
- ½ pomelo
- 1 lima
- Aceite de oliva virgen extra
- 1 cucharada de cebollino fresco picado
- La ralladura de ½ limón
- 1 pizca de sal

Para la salsa de yogur

- 1 yogur natural
- 2 cucharadas aceite de oliva virgen extra
- ½ cucharadita de eneldo
- Ralladura de ½ limón
- 1 pizca de sal

Compramos un lomo de salmón muy fresco y lo cortamos en lonchas de medio centímetro de grosor. Reservamos.

Para hacer la vinagreta pelamos y cortamos en dados pequeños una de las naranjas, el medio pomelo y la lima. Exprimimos la otra naranja y mezclamos en un cuenco el zumo de naranja con la misma cantidad de aceite de oliva virgen extra y la sal, batiendo bien con un tenedor. Agregamos los dados de frutas, la ralladura del medio limón y el cebollino picado, y mezclamos.

Para hacer la salsa de yogur echamos en un cuenco todos los ingredientes y removemos.

Pintamos cada plato con una cucharada de la salsa de yogur. Disponemos unas lonchas de salmón apoyadas unas en otras y las espolvoreamos con un poco de sal en escamas. Colocamos un montoncito de canónigos, y por último regamos el salmón y los canónigos con la vinagreta de cítricos.

SUGERENCIA En lugar de canónigos podemos utilizar rúcula o brotes tiernos de espinaca que también acompañan muy bien al salmón y a los cítricos.

VARIANTE Para los que no seáis muy amantes del pescado crudo podéis utilizar un lomo de salmón ahumado que también quedará muy bien. En este caso, una vez dispuestas las lonchas de salmón en el plato, las regaremos directamente con el aliño sin añadir sal en escamas ya que el salmón ahumado no la necesita.

¡no hay nada más reconfortante que una buena sopa!

Mira que me gusta Mafalda, pero discrepo con ella en una cosa... ¡las sopas son maravillosas! Llegar a casa especialmente por la noche, especialmente en invierno y especialmente un día de mucho frío, y tener para cenar una sopa bien caliente es medicina para el alma... Recuerdo mucho esos momentos cuando vivía con mis padres, entrar en casa ya de noche, con mucho frío y muerta de hambre, y que mi madre hubiera preparado alguna sopa, ¡era tan reconfortante! En concreto sus sopas de ajo, o ya lo máximo, la sopa de tostas típica de su pueblo. ¡Una maravilla! Tenéis la receta en mi web.

Como no podía ponerlas todas aquí he reunido algunas de mis sopas favoritas, tratando de equilibrar entre clásicas y originales, calientes y frías, de mi familia y de tantas familias, sea como sea, todas ellas riquísimas.

sopa de cebolla

GRATINADA

Un clásico de la cocina francesa, y no es de extrañar. Esta maravillosa sopa de cebolla dulce y melosa, con el toque aromático del vino y el tomillo fresco, servida con pan tostado y queso fundido, resulta deliciosa. Os dejo mi versión. Procurad ceñiros a ella todo lo que podáis porque cada ingrediente está ahí por algo. Lo entenderéis cuando la hagáis...

Ingredientes

- 3 cebollas y 3 chalotas
- 1 diente de ajo
- 100 ml de vino blanco
- 1 l de caldo de carne o caldo de pollo
- 2 vasos de agua
- 8 rebanadas de pan
- 1 trozo de queso Gruyere o Emmental
- Aceite de oliva virgen
- 1 cucharada de mantequilla
- 1 rama de tomillo fresco
- Sal y pimienta negra

Ponemos una olla al fuego con la mantequilla y un poco de aceite de oliva, y calentamos a fuego suave. Incorporamos las cebollas y las chalotas cortadas en juliana no demasiado fina, y dejamos pochar a fuego lento durante 30 minutos, hasta conseguir que la cebolla esté melosa y muy dorada.

Agregamos el vino blanco y dejamos reducir durante 2 minutos para que se evapore el alcohol. Añadimos el caldo, el agua y la rama de tomillo fresco, y una vez que empiece a hervir cocinamos a fuego lento sin dejar que cese el hervor durante 1 hora.

Ponemos las rebanadas de pan en la bandeja del horno y las metemos bajo el grill dándoles la vuelta para tostarlas por ambas caras. Sacamos y aún calientes las frotamos con el diente de ajo cortado a la mitad.

Retiramos la rama de tomillo de la olla, rectificamos de sal si fuera necesario, agregamos un poco de pimienta negra recién molida y distribuimos la sopa en 4 cazuelas de barro individuales.

Colocamos sobre cada una dos rebanadas de pan tostado, espolvoreamos con un poco de queso Gruyere o Emmental recién rallado y metemos al horno bajo el grill durante 5 minutos hasta que el queso esté fundido y ligeramente dorado. Servimos enseguida.

SUGERENCIA La chalota se utiliza mucho en la cocina francesa y resulta deliciosa por ser especialmente dulce y melosa, pero si no la encontráis podéis sustituir las 3 chalotas por una cebolla más. También podéis hacer esta sopa con cebolletas que tienen menos sabor y resultan más dulces. En realidad queda riquísima con la opción que elijáis.

VARIANTE En lugar de utilizar 100 ml de vino blanco se puede hacer con 50 ml de vino blanco y 50 ml de coñac o brandy, que le dará un toque más dulzón y otros matices.

sopa de invierno

¡La sopa reconfortante con mayúsculas! La hago cada invierno. Es una sopa muy completa y sabrosa, y me acuerdo siempre de ella en cuanto empiezan los días de frío. Junto con la sopa de ajo, es de esas sopas de las abuelas, que me da como nostalgia, de esas que te calientan el cuerpo y el corazón. Ahora os la paso a vosotros para que también forme parte de vuestras cocinas y de vuestras familias.

Ingredientes

- 1 cebolla
- 2 zanahorias
- 4 patatas
- 200 g espinacas
- 200 g de tacos de jamón serrano
- 4 vasos de agua
- 2 vasos de caldo de pollo o de carne
- 100 g de arroz
- 4 huevos
- Aceite de oliva virgen
- 1 hoja de laurel
- Pimentón dulce
- Sal

Pelamos y picamos fina la cebolla. Pelamos y cortamos en rodajas las zanahorias.

En una olla con un poco de aceite de oliva rehogamos la cebolla y la zanahoria durante 20 minutos hasta que la verdura se ablande.

Agregamos el jamón serrano cortado en dados, y lo sofreímos hasta que cambie de color. Incorporamos las patatas peladas y triscadas, el arroz, el laurel, el pimentón dulce y un poco de sal. Removemos bien, agregamos las espinacas picadas, el agua y el caldo, y cocinamos durante 20 minutos hasta que las patatas y el arroz estén tiernos.

Batimos en un cuenco los huevos, y los agregamos a la olla poco a poco, mientras revolvemos con un tenedor para que se vayan cuajando. Apartamos del fuego, dejamos reposar durante 10 minutos y servimos caliente.

SABÍAS QUE... Para triscar las patatas cogemos una patata con una mano y el cuchillo con la otra. Introducimos un poco el cuchillo en la patata y giramos para ir partiendo trozos. Este modo de cortar las patatas se utiliza para las sopas y los guisos, ya que al hacerlo así las patatas sueltan su almidón y ayudan a espesar los caldos.
Como todos los guisos, mejora si se prepara el día anterior porque con el reposo se intensifican los sabores.

VARIANTE
Además del jamón serrano, se pueden añadir en el mismo momento unos taquitos de chorizo que aportan mucho sabor.

la sopa de pescado

DE ABUELITA

Un tesoro que forma parte del libro de recetas de mi familia. La tomamos siempre en Navidad, y ahí estamos todos esperando por ella para decir como cada año que no hay sopa más rica. La hacía Abuelita, la madre de mi padre, que era una cocinera maravillosa, y ella se la enseñó a mi madre, que posteriormente hizo lo mismo conmigo. Aquí tenéis nuestro tesoro, cocinadla con mucho cariño y disfrutadla tanto como nosotros. Abuelita, te echo mucho de menos, va por ti.

Ingredientes

- 1 cebolla
- 2 dientes de ajo
- 2 tomates
- ½ taza de arroz
- 200 g de almejas
- 200 g de gambas
- 2 rodajas de merluza y la cabeza de la merluza
- 1 cucharadita de colorante alimentario
- Aceite de oliva virgen extra
- Agua
- 1 cucharadita de pimentón picante
- 1 cucharadita de sal

Dejamos las almejas en un bol con agua a remojo durante 20 minutos. Escurrimos y reservamos.

Cocemos el arroz en una olla con tres tazas de agua, el colorante alimentario y la sal, hasta que esté tierno. Reservamos.

En una sartén con un poco de aceite de oliva virgen extra, freímos la cebolla y los ajos, todo picado, y dejamos que se dore. Agregamos el tomate troceado y sofreímos durante 20 minutos. Incorporamos el pimentón picante, removemos bien, apartamos del fuego y reservamos.

Ponemos una olla grande llena de agua al fuego. Echamos las gambas sin pelar, las almejas, la cabeza y las rodajas de merluza, y una vez que empiece a hervir cocemos a fuego fuerte durante 5 minutos. Sacamos los pescados con ayuda de una espumadera y colamos el caldo con un colador de tela por si alguna almeja hubiera soltado arena, devolviéndolo de nuevo a la olla.

Pelamos las gambas y troceamos las colas, reservando las cabezas y las pieles. Desmenuzamos las rodajas y la cabeza de la merluza, obteniendo todo el pescado y reservando también la piel y las espinas. Agregamos la carne de las gambas y la merluza a la olla con el agua de cocción.

Colocamos un pasapuré encima de la olla, y pasamos por él las pieles y las espinas de las gambas y la merluza, para obtener el jugo, que le aportará mucho sabor. Pasamos también por el pasapuré el sofrito de tomate y el arroz cocido que habíamos reservado, dejando que caiga todo a la olla. Probamos para rectificar de sal y cocemos durante 20 minutos a fuego lento. Servimos bien caliente.

SUGERENCIA Aunque esta no es una sopa que resulte cara como otras sopas de pescado y marisco, podemos economizar un poco más y quedará muy rica también si compramos la merluza, las almejas y las gambas congeladas.

crema suave

DE PATATA CON SALMÓN AHUMADO

¡Esta crema es exquisita! Suave pero llena de sabor, con una textura muy agradable, y tan fina que hará que la preparéis una y otra vez. No se trata solo de una sopa, gracias a su combinación de ingredientes, resulta un completo, sano y nutritivo plato. ¡Os encantará!

Ingredientes

- 2 puerros
- 1 kg de patatas
- 1 l de caldo de pollo
- 500 ml de leche
- 2 cucharadas de zumo de limón
- 200 g de salmón ahumado
- Aceite de oliva virgen
- 1 cucharadita de eneldo seco
- Sal y pimienta negra

Calentamos en una cazuela un poco de aceite de oliva y rehogamos a fuego medio el puerro picado durante 10 minutos, hasta que esté tierno.

Incorporamos las patatas peladas y cortadas en dados, removemos y agregamos el caldo de pollo. Cuando comience a hervir, tapamos y cocemos a fuego lento durante 20 minutos hasta que las patatas estén tiernas.

Apartamos del fuego y trituramos con la batidora hasta conseguir una crema suave.

Agregamos la leche, el zumo de limón y el eneldo, removemos e incorporamos el salmón ahumado picado. Probamos, salpimentamos a nuestro gusto, removemos y servimos caliente o tibia.

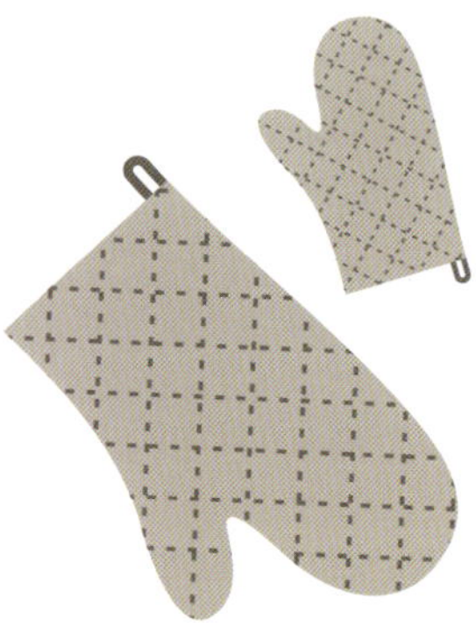

VARIANTE Podemos sustituir el salmón ahumado por colas de gambas o de langostinos. Lo he hecho en varias ocasiones y queda muy rica también. Las agrego en el último momento al igual que el salmón ahumado, ya que el calor de la crema es suficiente para cocinarlas. Incluso podemos utilizar colas peladas congeladas, pero en este caso las descongelaremos primero bajo un chorro de agua caliente y las utilizaremos después de la misma forma.

sopa de pollo,

PUERRO Y MAÍZ

Desde que mi hermano se quedó un día a comer en casa hace años ya y le preparé esta sopa, no puedo hacerla sin acordarme de él. La verdad es que es muy agradecido, cualquier cosa que le cocine le gusta, pero de aquel día se llevó para su casa una barriguilla contenta y una receta. ¡Le encantó! Y tengo que decir que estoy de acuerdo con él, es muy sencilla y ligera, pero resulta una sopa muy sabrosa y agradable.

Ingredientes

- 400 g de pechuga de pollo
- 2 latas pequeñas de maíz dulce (320 g aprox.)
- 350 g de puerros
- 1 y ½ l de agua
- 1 hoja de laurel
- 6 bolas de pimienta negra
- Pimienta negra molida
- Sal

Quitamos la piel y toda la grasa de las pechugas de pollo y las ponemos en una olla. Añadimos el litro y medio de agua, la hoja de laurel y los granos de pimienta, y ponemos al fuego. Cuando empiece a hervir, retiramos toda la espuma que se forme en la superficie, tapamos y cocinamos a fuego bajo durante 20 minutos. Apartamos del fuego y dejamos enfriar durante 5 minutos. Sacamos las pechugas de pollo y las troceamos.

Colamos el caldo dejándolo de nuevo en la olla y reservamos.

Vertemos en el vaso de la batidora la mitad de los granos de maíz y un poco del caldo, y trituramos. Echamos esta crema de maíz en la olla junto con el resto del caldo y llevamos de nuevo al fuego. Cuando comience a hervir agregamos el puerro cortado fino, tapamos y cocinamos a fuego bajo durante 10 minutos hasta que esté tierno.

Añadimos el pollo troceado y el resto de los granos de maíz, y cocemos durante 5 minutos más. Rectificamos de sal y pimienta y servimos caliente.

IDEA Podemos hacer el doble de cantidad y congelar en recipientes de ración. Yo lo hago habitualmente porque el trabajo que nos lleva es casi el mismo y así cualquier día saco un recipiente, descongelo directamente en el microondas o en un cazo al fuego y tengo la comida lista en 5 minutos.
No todos los platos admiten bien el congelado, pero las sopas y los guisos caldosos son de los que mejor lo hacen.

VARIANTE Podemos añadir otros ingredientes a esta sopa. A la vez que echamos el puerro, si os apetece, podéis echar un par de zanahorias cortadas en rodajas finas, o unos champiñones laminados. Ambas opciones le van muy bien.

salmorejo

El salmorejo es la sopa fría favorita de mi hermana y también de mi marido. Hay tantas, tan refrescantes, nutritivas y sabrosas, y tan diferentes que yo no sé si podría decidirme por una, pero es verdad que el salmorejo está entre mis favoritas, ¡es una delicia! Cuando estuvimos en Andalucía lo comimos casi a diario (o sin el "casi", ja, ja). Y aun siendo diferentes unos de otros, no comimos un salmorejo que no nos gustara, ¡todos riquísimos! Y es que el éxito de esta receta está asegurado.

Ingredientes

- 1 kg de tomates maduros
- 200 g de pan del día anterior
- 1 diente de ajo
- 150 ml de aceite de oliva virgen extra
- 4 cucharadas de vinagre de Jerez
- Agua y sal

Para acompañar

- Tacos de jamón serrano
- Huevo cocido

Con un cuchillo afilado hacemos una cruz en la base de los tomates y los echamos en una olla con agua hirviendo para escaldarlos durante 1 minuto. Los sacamos con una espumadera, los pasamos a un bol donde tendremos agua muy fría o con hielo y los dejamos dos minutos. Sacamos los tomates del agua fría, los pelamos y los echamos en un robot americano o en una jarra.

Ponemos el trozo de pan seco a remojo en agua durante 15 minutos. Lo escurrimos apretando con las manos para retirar la mayor parte de agua posible, lo desmenuzamos y lo echamos con los tomates.

Agregamos el ajo troceado y sin el germen, el aceite de oliva virgen extra, el vinagre de Jerez y un poco de sal, y trituramos hasta obtener una crema homogénea. Probamos para rectificar de aceite, vinagre, sal o ajo, a nuestro gusto. Trituramos de nuevo y reservamos en la nevera hasta que esté bien fresco. Servimos con tacos de jamón serrano, huevo cocido y un hilo de aceite de oliva virgen extra.

SABÍAS QUE... Retiramos el germen central de los dientes de ajo para que no repitan y tengamos mejor digestión. Escaldamos los tomates pasándolos después a un bol con agua muy fría porque esto ayuda a pelarlos con facilidad.

IDEA En lugar de remojar el pan en agua, se puede dejar durante 30 minutos en un recipiente junto con los tomates troceados con un poco de sal, para que vayan soltando su jugo y empapando el pan.
Así como lo probamos para rectificar de aliño a nuestro gusto, la proporción de tomate y pan también se puede variar para dejarlo más o menos espeso según prefiráis.

EN LA WEB En www.isasaweis.com tenéis otras recetas de sopas frías tan típicas en Andalucía como el salmorejo, y riquísimas también, como son el gazpacho y el ajoblanco.

vichyssoise

La vichyssoise es una de las cremas o sopas frías más conocidas. Poco puedo decir de un plato tan famoso, solo que como en muchas de las grandes recetas, necesitamos pocos ingredientes y mucho cariño para disfrutar de una buena comida. Mi marido la prefiere fría, yo tibia, y servida siempre con un poco de cebollino picado que le da un toque especial.

Ingredientes

- 3 puerros, solo la parte blanca
- 2 patatas
- 1 l de caldo de pollo
- 200 ml de nata líquida para cocinar de 18 % MG
- Cebollino fresco
- Pimienta blanca y sal

Hacemos una incisión en los puerros y los lavamos muy bien poniéndolos bajo el grifo y separando las capas con las manos por si tuvieran tierra. Una vez limpios los cortamos en rodajas.

Pelamos y cortamos las patatas en dados.

Ponemos en una olla el caldo de pollo, los puerros y las patatas y cocinamos a fuego suave durante 45 minutos hasta que las verduras estén tiernas.

Trituramos con la batidora, agregamos sal y pimienta blanca a nuestro gusto, removemos y dejamos entibiar. Cuando esté a temperatura ambiente, lo metemos en la nevera durante 2 o 3 horas para que se enfríe por completo.

Pasado este tiempo, agregamos la nata, trituramos de nuevo con la batidora y volvemos a llevar a la nevera.

En el momento de comer, echamos en cuencos, espolvoreamos con cebollino fresco picado y servimos.

MÁS LIGERA Si queréis hacer la vichyssoise un poco más ligera, podéis sustituir la nata líquida por leche. No obstante, mi versión ya es más ligera, ya que yo no rehogo el puerro en mantequilla como en algunas recetas que encontraréis.

SUGERENCIA Si una vez triturada con la batidora deseáis que os quede con una textura aún más fina, os sugiero que la paséis por el chino o el pasapuré.

gazpacho de sandía

La receta del gazpacho clásico es muy conocida, aunque es verdad que cada uno tiene la suya. Si queréis probar la mía, la tenéis en mi web. En el libro me apetecía incluir esta variante tan buena, la del gazpacho de sandía. El dulzor de esta fruta se equilibra muy bien con las verduras de sabor más fuerte, el pepino, la cebolleta, el ajo y el pimiento, y el resultado que obtenemos es una sopa fría más suave, muy refrescante y realmente rica.

Ingredientes

- 1 kg de pulpa de sandía
- 3 tomates maduros
- ½ pepino
- 1 pimiento verde italiano
- ½ cebolleta
- 1 diente de ajo
- 1 trozo de pan duro
- 4 cucharadas de aceite de oliva virgen extra
- 2 cucharadas de vinagre de Jerez
- ½ cucharadita de sal y agua

Ponemos todas las verduras ya lavadas, peladas y troceadas en el robot de cocina o en el vaso de la batidora y trituramos muy bien.

Agregamos el aceite de oliva virgen extra, el vinagre, la sal y el trozo de pan duro, y trituramos de nuevo hasta obtener una crema muy fina. Según la consistencia que queráis darle podéis añadir un poco de agua y triturar de nuevo.

Probamos para rectificar los condimentos a nuestro gusto y reservamos en la nevera. Llevamos a la mesa el gazpacho bien frío en una jarra y lo servimos en vasos para tomarlo bebido.

SUGERENCIA Si deseáis que os quede aún más fino podéis pasarlo por el chino o el pasapuré.

VARIANTE A partir del gazpacho clásico han ido surgiendo otras versiones en las que se agregan otras frutas o verduras como la de este gazpacho de sandía. En ocasiones he hecho también gazpacho de zanahoria, de remolacha o de cereza. Solo tenéis que sustituir la sandía por 4 zanahorias, 2 remolachas o 1 kg de cerezas respectivamente. También está el gazpacho de melón, pero en este caso no se suelen echar los tomates o se echa solo uno.

EN LA WEB En www.isasaweis.com tenéis la receta de otra sopa muy refrescante ideal para el los días de calor, la sopa fría de pepino y yogur.

sopa castellana

DE AJO, CON HUEVO Y TAQUITOS DE JAMÓN

A la sopa de ajo típica castellana que tantas veces habremos hecho con agua, pan seco, ajo y pimentón, en realidad no hace falta añadirle nada. Así de simple y es tan reconfortante en invierno... Pero si además le ponemos unos taquitos de jamón y un huevo con su yema líquida, hacemos de esta sencilla sopa un plato nutritivo y completo. ¡Una maravilla en cualquier mesa!

Ingredientes

- 1 trozo de pan seco el día anterior
- 10 dientes de ajo
- 150 g de jamón serrano
- 4 huevos
- 1 y ½ l de agua
- Aceite de oliva virgen
- 2 cucharaditas de pimentón
- ½ cucharadita de sal

Cortamos el pan seco en lascas finas y reservamos.

En una sartén con un poco de aceite de oliva doramos ligeramente los ajos laminados. Los sacamos y reservamos.

En el mismo aceite rehogamos los tacos de jamón serrano. Agregamos el pimentón, removemos rápido para que no se queme y retiramos del fuego.

Ponemos en una olla al fuego el agua con la sal. Cuando empiece a hervir agregamos los ajos laminados, las lascas de pan y el sofrito de jamón con pimentón, y dejamos hervir durante 15 minutos.

Separamos las yemas de las claras de huevo y añadimos las claras a la olla, removiendo con un tenedor para ayudar a cuajarlas.

Repartimos la sopa bien caliente en cuencos o cazuelas individuales de barro, y echamos en cada cazuela una yema de huevo con una pizca de sal, que se cuajará ligeramente con el calor de la sopa. Servimos enseguida.

EN LA WEB

La sopa de ajo clásica es bien sencilla. Tan solo hervir el ajo frito con un poco de pimentón, las lascas de pan y agua. Seguro que la conocéis. Pero ¿conocéis las tostas que se hacen en León a partir de esta sopa? Llegar a casa en pleno invierno y que mi madre las estuviera preparando para cenar, es de los mejores recuerdos que guardo. Tenéis su receta en www.isasaweis.com. No os la perdáis.

crema de guisantes

CON CRUJIENTE DE JAMÓN

¡Los guisantes nos encantan en esta familia! Cremosos y dulces, tan nutritivos, llenos de vitaminas y fibra, son tan agradecidos... Normalmente los hago con un sofrito de cebolla, jamón y pimentón, pero a veces me acuerdo de ella y hago esta crema de guisantes tan rica. Tiene una textura tan suave y agradable que, unida al crujiente del jamón para acompañar, se convierte en un plato especial.

Ingredientes

- 500 g de guisantes congelados
- 3 vasos de caldo de pollo
- 1 cebolla
- 1 puerro, solo la parte blanca
- Aceite de oliva virgen
- Sal

Para acompañar
- Lonchas de jamón serrano

En una olla con un poco de aceite de oliva sofreímos la cebolla y el puerro picados durante 15 minutos hasta que estén tiernos.

Incorporamos los guisantes, removemos y agregamos el caldo de pollo. Una vez que empiece a hervir dejamos cocer durante 20 minutos. Apartamos del fuego y trituramos con la batidora hasta obtener una crema fina. Probamos y rectificamos de sal a nuestro gusto. Llevamos de nuevo al fuego y cocinamos durante 5 minutos más a fuego bajo sin dejar de remover.

Para hacer el crujiente de jamón ponemos unas lonchas de jamón serrano entre dos hojas de papel de cocina. Lo colocamos en un plato y lo metemos al microondas a máxima potencia durante 1 minuto o un poco más, ya que dependerá de la potencia de nuestro microondas.

Servimos la crema de guisantes en cuencos y decoramos con una loncha de jamón crujiente.

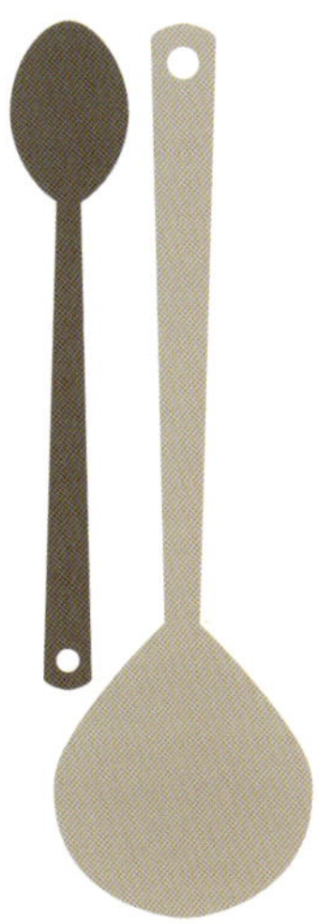

IDEA El crujiente de jamón se puede hacer al microondas como os indico en la receta, pero si lo preferís también podéis secarlo en el horno. En cualquier caso, las lonchas quedarán crujientes y podemos utilizarlas enteras, troceadas o picadas. Si las fuéramos a utilizar picadas, en lugar de secar lonchas de jamón para luego picarlas, podríamos secar directamente jamón serrano picado.

EN LA WEB Las cremas de verduras y legumbres son siempre una opción estupenda de comida o cena. Son nutritivas, muy agradables, reconfortantes y sientan de maravilla.
En www.isasaweis.com tenéis la receta de algunas de las que más hago en mi casa: crema de calabaza asada, de calabacín, de lentejas, de alubias, de garbanzos... ¡Tomad nota de todas!

¿platos únicos?

Pensé en titular esta sección "platos únicos", pero la verdad es que en mi familia ese concepto nunca existió... Para dos veces que a mi madre se le ocurrió decir "No, no hay nada más..., es plato único...", ¡casi nos la comemos a ella de segundo! Ja, ja, ja.

Y es que en mi casa ante eso de: "¿Cómo os gusta la tortilla de patata?", siempre hemos contestado "A nosotros ¡GRANDE!". Que como dice mi tío Pepe que sabe mucho "A mí me gusta todo menos la tortilla delgada" ja, ja.

Ya sean únicos o no en vuestra casa, los acompañéis de algo más o los sirváis solos, lo que sí creo que aquí reúno son platos principales. ¡Espero que os gusten!

pastel de carne

Y TORTILLA DE PATATA ENVUELTO EN BACON

Carne picada, bacon, tortilla de patata, pimientos y queso..., ¿cómo iba a salir mal un plato con esta combinación de ingredientes? Si además os digo que este pastel se hace casi solo, ya tenéis el aliado perfecto para cuando tengáis invitados y no dispongáis de mucho tiempo. Es muy sencillo y está muy rico, no perdáis detalle.

Ingredientes

- 24 lonchas de bacon aproximadamente
- 1 lata de pimientos del piquillo
- 4 lonchas de queso
- 400 g de carne picada mixta
- 3 cucharadas de tomate frito
- Sal y pimienta negra

Para la tortilla

- ½ cebolla
- 2 patatas
- 3 huevos
- Aceite de oliva
- Sal

Pelamos las patatas y las cortamos en trozos finos como para tortilla. Pelamos y picamos fina la cebolla. En una sartén con aceite de oliva freímos la cebolla y la patata a fuego medio, tapada y removiendo de vez en cuando para que se vayan haciendo sin coger color. Cuando las patatas estén tiernas retiramos del fuego.

En un bol batimos los huevos con un poco de sal. Incorporamos la patata y la cebolla, que habremos escurrido muy bien con ayuda de un colador, y mezclamos todo con cuidado. Reservamos.

Forramos completamente por dentro un molde rectangular con las lonchas de bacon, colocando un extremo en el fondo del molde y dejando colgar el otro hacia afuera, superponiéndolas un poco para no dejar huecos.

En un bol mezclamos la carne picada con el tomate frito, sal y pimienta, y lo vertemos en el fondo del molde. Cubrimos la carne con una capa de pimientos del piquillo, otra capa con las lonchas de queso, y terminamos con la mezcla de huevos y patata. Cerramos el pastel tapando con las lonchas de bacon que colgaban hacia afuera y metemos al horno precalentado a 220° durante 30 minutos. Desmoldamos y servimos cortado en porciones.

VARIANTE Al igual que os comento en la receta de los pimientos rellenos de tortilla, yo siempre hago la tortilla de patata con cebolla porque me gusta el sabor y la jugosidad que aporta a la mezcla. Por ese motivo lo hago así también en esta receta. Pero si sois de los que prefieren la tortilla de patata sin cebolla, podéis prescindir de ella.

MÁS LIGERO Para una versión más ligera, podéis envolver el pastel con lonchas de jamón en lugar de lonchas de bacon. También podéis hacer la patata en el microondas, en lugar de frita, del mismo modo que hago en la receta de la tortilla de patata *light* que podéis ver en www.isasaweis.com.

lasaña de carne

A LA BOLOÑESA

La LASAÑA, así con mayúsculas. Y es que esta es una auténtica receta de una *nonna* italiana, que os paso con todo mi cariño y que espero que cuidéis como el tesoro que es. Tened bien a mano la receta cuando invitéis a alguien a comer la que desde hoy será vuestra lasaña, porque se va a hacer famosa entre vuestros amigos y familia.

Ingredientes

Para el relleno
- 1 kg de carne picada mixta
- 1 cebolla
- 1 zanahoria
- 2 ramas de apio
- 100 g de panceta
- 800 g de tomate natural triturado
- 400 g de tomate frito
- 1 vaso de vino blanco
- 1 vaso de leche
- Aceite de oliva
- Sal y pimienta negra

Salsa bechamel
(Ver receta, pág. 222)

Para la pasta
- 24 placas de lasaña aproximadamente
- Queso Parmesano recién rallado

Comenzamos haciendo el relleno. Calentamos en una cazuela o sartén grande un poco de aceite de oliva y rehogamos a fuego lento la cebolla picada durante 10 minutos hasta que esté pochada. Agregamos la zanahoria y el apio picado y sofreímos durante 10 minutos más. Subimos el fuego e incorporamos la panceta, friéndola durante 1 minuto. Agregamos la carne y rehogamos unos minutos para dorarla. Vertemos la leche y la dejamos hervir a borbotones hasta que se haya evaporado todo el líquido. Agregamos el vino, el tomate natural triturado y el tomate frito, salpimentamos y bajamos el fuego al mínimo. Dejamos cocer a fuego lento durante 2 horas y media o 3 horas para que se haga muy despacio y se intensifiquen los sabores, agregando un poco de agua durante la cocción si hiciera falta para evitar que se reseque. Retiramos del fuego y dejamos enfriar.

Hacemos la salsa bechamel con mi receta rápida y sin grumos, reservamos.

Ponemos una olla al fuego con abundante agua con sal y cuando empiece a hervir echamos las placas de lasaña y las cocemos según indique el fabricante en el paquete. Refrescamos pasándolas por agua fría y las secamos con papel de cocina. En una fuente grande y honda de 26 x 20 cm aprox., comenzamos poniendo en el fondo un poco del relleno para que no se pegue la pasta, y continuamos alternando capas de pasta con capas de relleno hasta terminar con los ingredientes. Vertemos por encima la salsa bechamel, espolvoreamos con queso parmesano, y metemos al horno precalentado a 180º durante 40 minutos hasta que se dore y la bechamel empiece a burbujear. Servimos caliente.

MÁS LIGERO Podéis prescindir de la panceta para hacer algo más ligera esta receta, aunque la verdad es que son solo 100 g lo que se utiliza, a poco podéis tocar y le da un gusto auténtico. Yo soy de la opinión de cuidarnos a diario, y cuando tenemos una celebración, invitados o es una ocasión especial, dejarse de rebajar calorías y simplemente disfrutar.

SABÍAS QUE... En Italia hay quien en su receta de lasaña además intercala capas de bechamel. Aunque yo la echo toda por encima, os lo comento por si queréis hacerlo así.

musaka griega

La musaka o moussaka es un plato muy famoso de la cocina griega, aunque al parecer su origen es árabe. Se trata de un pastel caliente que alterna capas de berenjena y carne picada con tomate, y que se cubre con salsa bechamel. Existen diferentes versiones según la región, donde además de berenjena se utiliza patata o calabacín. Yo hago la versión que lleva una capa de patata porque me parece que le va de maravilla. La mezcla de todas las especias que lleva la salsa de tomate, la carne y la bechamel resulta exquisita.

Ingredientes

- 2 berenjenas
- 2 patatas

Para la salsa de tomate
- 2 tomates
- 1 diente de ajo
- ½ cucharadita de azúcar
- 1 rama de romero fresco o ½ cucharadita de romero seco
- 1 rama de tomillo fresco o ½ cucharadita de tomillo seco
- Aceite de oliva
- Sal y pimienta negra

Para el relleno
- 700 g de carne picada de cordero o de ternera
- 1 cebolla
- 1 diente de ajo
- ½ vaso de vino blanco
- ½ cucharadita de canela en polvo
- 3 hojas de menta fresca o ½ cucharadita de menta seca
- Aceite de oliva
- Sal y pimienta negra

Para la salsa bechamel
(ver receta, pág. 222)

Para hacer la salsa de tomate echamos en una sartén con un poco de aceite de oliva los tomates picados, el ajo rallado, las ramas de romero y tomillo, un poco de azúcar, sal y pimienta, y cocinamos durante unos 30 minutos hasta que adquiera consistencia de salsa. Retiramos las ramas de romero y tomillo, pasamos por el pasapuré y reservamos.

Hacemos la salsa bechamel con mi receta rápida y sin grumos y reservamos.

Pelamos las patatas, las cortamos en rodajas y las freímos a fuego medio en una sartén con un poco de aceite de oliva, por ambos lados sin que lleguen a dorarse. Sacamos sobre papel absorbente y reservamos.

Lavamos las berenjenas, las cortamos en rodajas, salamos y dejamos escurrir durante 30 minutos para que suelten su jugo. Las freímos en una sartén con un poco de aceite, dorándolas por ambos lados. Sacamos también sobre papel absorbente y reservamos.

Para hacer el relleno, en una sartén grande con un poco de aceite de oliva freímos la cebolla y el ajo picados durante 15 minutos. Cuando esté bien pochado agregamos la carne, la canela y la menta picada fina, y sofreímos hasta que la carne cambie de color. Agregamos el vino blanco y dejamos reducir durante 5 minutos. Incorporamos la salsa de tomate que habíamos reservado, salpimentamos al gusto, mezclamos todo, apartamos del fuego y reservamos.

En una fuente grande que habremos engrasado por dentro con un poco de aceite de oliva disponemos en el fondo las patatas. Cubrimos con la mitad de las berenjenas, la mitad de la carne, el resto de las berenjenas, el resto de la carne, y regamos todo con la salsa bechamel. Metemos al horno precalentado a 180º durante 20 minutos. Gratinamos durante 5 minutos más hasta que la superficie esté dorada y servimos.

NOTA Hay quien echa una mezcla de pan rallado y queso rallado por encima antes de meterla al horno, pero se supone que la receta original no lo lleva. Además, la auténtica moussaka se hace con carne de cordero, pero si lo preferís podéis tomarnos la licencia de utilizar carne picada de ternera.

SUGERENCIA Siempre que podáis utilizad hierbas frescas en lugar de secas, ya que aportan un mayor y más rico aroma. No obstante, como no siempre es fácil encontrarlas, os pongo también las cantidades si la utilizarais secas.

cuscús de hortalizas

CON PASAS Y ALMENDRAS

A estas alturas ya os habréis dado cuenta de lo mucho que me gusta la cocina internacional en general y la cocina árabe en particular, por sus combinaciones de dulce y salado, mezcla de frutas y frutos secos, y el espectacular uso de multitud de especias. Son muchas las recetas que forman parte de mi cocina desde hace mucho tiempo, y este cuscús de fiesta que os traigo aquí es una de mis favoritas. ¡Espero que lo disfrutéis tanto como nosotros!

Ingredientes

- 250 g de cuscús
- 1 carcasa de pollo
- 1 cebolla
- 2 patatas
- 3 zanahorias
- 1 calabacín
- Aceite de oliva
- Mantequilla
- 1 cucharadita de comino en polvo
- 1 cucharadita de cúrcuma
- 2 cucharaditas de sal
- ½ cucharadita de pimienta negra

Para servir

- 1 puñado de uvas pasas
- 1 puñado de almendras crudas enteras o laminadas
- Comino en polvo
- Canela en polvo

Ponemos a remojo las uvas pasas durante 20 minutos. Escurrimos y reservamos.

Tostamos las almendras enteras o laminadas en una sartén al fuego sin ninguna materia grasa y reservamos.

Pelamos la cebolla, las patatas y las zanahorias, y las dejamos enteras. Cortamos el calabacín en tres trozos. Echamos todas las verduras y hortalizas en una olla grande junto con la carcasa de pollo, un chorro de aceite de oliva, la cúrcuma, el comino, la sal y la pimienta. Cubrimos con abundante agua y llevamos a fuego fuerte hasta que comience a hervir. Retiramos la espuma que se forma en la superficie, bajamos el fuego y cocemos tapado durante 30 minutos.

Ponemos el cuscús crudo en un bol. Vertemos sobre él un vaso y medio del caldo de cocción de las verduras y el pollo que estará hirviendo, tapamos y dejamos reposar durante 2 minutos. Agregamos un poco de mantequilla y removemos con un tenedor durante un minuto para esponjarlo.

Presentamos en una fuente o, para hacerlo más auténtico si disponemos de él, podemos utilizar un tajín o tajine. Colocamos el cuscús en el centro formando una montaña. Disponemos alrededor las patatas cortadas en rodajas de 1 cm de grosor, y las zanahorias y el calabacín en bastones gruesos. Regamos todo con un poco del caldo de cocción, espolvoreamos por encima las uvas pasas y las almendras, un poco de canela y comino en polvo, y servimos acompañado del caldo restante que habremos puesto en una jarra para que cada comensal se eche a su gusto.

VEGETARIANOS Para convertirlo en un plato vegetariano, simplemente prescindiremos de la carcasa de pollo, y haremos el caldo únicamente con las verduras y hortalizas.

VARIANTE Podemos añadir otras verduras, como repollo, nabo, calabaza o judías verdes.

lentejas estofadas

"Si las quieres las comes y si no las dejas", o como nos decía Abuelita a mis hermanos y a mí cuando éramos pequeños, "Si las quieres las comes, y si no ¡también!" ja, ja Ay, ¡cuántos platos de lentejas no disfruté de cría y lo que me gustan ahora! Mi marido es fan de mis lentejas y eso "que no les echo nada..." Es verdad que es una receta muy sencilla, pero el secreto es la mezcla de especias: laurel, comino y pimentón hacen una combinación estupenda. Espero que disfrutéis de ellas tanto como nosotros.

Ingredientes

- 500 g de lentejas
- 2 cebollas
- 2 litros de agua, aprox.
- Aceite de oliva
- 2 hojas de laurel
- ½ cucharadita de comino en polvo
- 1 cucharada de pimentón dulce y sal

El día anterior ponemos las lentejas a remojo.

Al día siguiente, echamos en una olla un poco de aceite de oliva, y cuando esté caliente, echamos la cebolla picada fina y la freímos hasta que esté bien dorada. Agregamos las hojas de laurel, el comino, el pimentón y un poco de sal, removemos durante 1 minuto e incorporamos las lentejas escurridas. Mezclamos bien, agregamos agua fría hasta sobrepasarlas un par de dedos y cuando el agua empiece a hervir, bajamos el fuego, tapamos y cocinamos durante 1 hora a fuego lento hasta que las lentejas estén tiernas.

También podemos hacerlas en 25 minutos en la olla exprés, o en tan solo 10 minutos en una olla súperrápida.

Retiramos las hojas de laurel, rectificamos de sal si fuera necesario y servimos.

SABÍAS QUE... El comino ayuda con las digestiones difíciles, por tanto es un gran aliado cuando cocinamos legumbres. Además combina muy bien con ellas. Acordaos de él cuando hagáis platos de lentejas, alubias y garbanzos.

VARIANTE Estas lentejas no necesitan más, ¡están muy ricas! Pero si queréis agregar unos taquitos de jamón serrano o de chorizo también van de maravilla. Podéis incluirlos en el sofrito o bien, como suele hacer mi madre para mi padre, freírlos aparte e incorporarlos al final al plato de quien lo quiera.

IDEA Cuando sobran lentejas aprovecho para convertirlas en crema de lentejas, que nos gusta tanto o más. Simplemente agrego un poco de leche y las trituro muy bien hasta obtener una crema lo más fina posible. Está muy rica servida caliente o tibia.

fabas con almejas

Si venís a Asturias no os debéis ir sin comer la espectacular fabada, el igual de espectacular pote asturiano, las delicadas verdinas, el impresionante cachopo, y, cómo no, arroz con leche, frixuelos, casadiellas... ¡tantas cosas ricas! Y por supuesto no debéis dejar de probar un buen plato de fabes con almejes. ¡Es una exquisitez! Mientras preparáis vuestro viaje a la tierrina, os acerco algunas de nuestras maravillosas recetas.

Ingredientes

- 400 g de fabas
- 400 g de almejas
- 1 cebolla
- 1 diente de ajo
- 1 hoja de laurel
- ½ vaso de vino blanco
- Aceite de oliva virgen extra
- Perejil fresco
- Unas hebras de azafrán (opcional)
- 1 guindilla
- Sal

La noche anterior ponemos las fabas a remojo en abundante agua fría con un chorro de aceite de oliva.

A la mañana siguiente escurrimos las fabas y las frotamos entre las manos con el aceite del remojo para que no se pelen durante la cocción. Las echamos en una cazuela, cubrimos con agua fría, incorporamos media cebolla, la hoja de laurel, unas hebras de azafrán, si se desea, y un hilo de aceite de oliva. Ponemos al fuego y cuando comience a hervir, retiramos la espuma que suba a la superficie. Bajamos el fuego y cocemos a fuego medio durante 2 horas, .asustándolas. durante la cocción agregando un poco de agua fría. Lo haremos tantas veces como sea necesario a medida que el agua se vaya evaporando, para asegurarnos de que las fabas siempre están cubiertas. Cuando estén tiernas, sacamos la cebolla a un vaso de batidora junto con un poco del caldo de cocción, trituramos bien y lo agregamos de nuevo a la cazuela.

Dejamos las almejas a remojo en agua fría con sal durante 30 minutos. Las lavamos y las echamos en una cazuela. Agregamos el vino blanco, tapamos y cocemos hasta que se abran. Sacamos las almejas y colamos el caldo de cocción con un colador de tela por si tuvieran algo de arena. Reservamos.

En una sartén grande con un poco de aceite de oliva rehogamos la otra media cebolla y el ajo picados junto con la guindilla durante 20 minutos. Incorporamos las almejas y su caldo, espolvoreamos con el perejil picado, mezclamos y vertemos todo en la cazuela con las fabas. Rectificamos de sal y cocemos todo junto durante 10 minutos más, meneando de vez en cuando la cazuela para mezclarlo todo sin que se rompan las fabas.

SABÍAS QUE... Se llama "asustar" a las fabas durante la cocción a agregarles un poco de agua fría, que corte el hervor durante poco tiempo. Esto consigue un cocinado perfecto de esta legumbre. Se hace lo mismo con la fabada.

IDEA Para ahorrar tiempo, se pueden cocer las fabas en la olla exprés u olla rápida, y una vez cocidas, pasarlas a una cazuela para continuar con la receta.

NOTA Este plato de la gastronomía asturiana, al igual que la fabada, lo ideal sería hacerlo con fabes asturianes. Si podéis haceros con un paquete de fabas de la granja sería estupendo, si no es así, procurad utilizar una alubia blanca grande de textura suave y cremosa.

garbanzos guisados

DE LA TÍA MARI

¡Los garbanzos de mi tía Mari! Hace ya muchos años que mi tía compartió conmigo esta receta. Desde entonces son los únicos garbanzos estofados que hago porque creo que unos garbanzos guisados solo con verduras no pueden estar más ricos que estos. Resulta deliciosa, ligera, reconfortante y muy sabrosa. El secreto, un estupendo guiso de toda la vida con su majado de ajo y perejil.

Ingredientes

- 500 g de garbanzos
- 4 dientes de ajo
- 2 pimientos rojos
- 2 zanahorias
- Aceite de oliva virgen extra
- Perejil fresco y sal

Ponemos los garbanzos a remojo en agua templada durante toda la noche.

Al día siguiente llenamos una olla grande de agua hasta la mitad, y cuando comience a hervir, agregamos los garbanzos, los pimientos rojos picados y las zanahorias cortadas en dados. Tapamos y cocemos el tiempo necesario según la olla que estemos utilizando. Normalmente llevará unos 15 minutos en una olla súperrápida, 40 en una olla exprés y más de 2 horas en una olla normal.

Hacemos un majado en el mortero con los dientes de ajo, el perejil, un buen pellizco de sal y un chorro de aceite de oliva virgen extra. Lo incorporamos a la olla, removemos y cocinamos destapado y a fuego lento, durante 30 minutos más para que la salsa del guiso espese.

SUGERENCIA Como cualquier guiso o estofado de carne o de legumbres, es mejor prepararlo el día anterior. El día de reposo ayuda a intensificar los sabores y el resultado es más rico si cabe.

IDEA Si os gusta la salsa algo más ligada, podéis sacar de la olla un par de cucharones de garbanzos junto con un poco de caldo, echarlo en el vaso de la batidora, triturar bien y verter de nuevo en la olla dejando cocer unos minutos más para que espese.

VARIANTE Hace poco tiempo hablando con mi tía de su receta de garbanzos, me dijo que ahora le añade también un calabacín cortado en dados, que aporta una textura muy cremosa. Si ella lo dice, tomad buena nota.

pastel americano

DE POLLO A LA JARDINERA

Voy a confesaros que esta es la única receta de todo libro que no está entre mis favoritas (ja, ja, vaya confesión...). Y ¿por qué la he incluido entonces? Por varios motivos. Sí ha gustado mucho a quien la ha comido cuando la he hecho, me parecía que era muy adecuada para esta sección, y las 15 veces que le pregunté a mi marido si la incluía en el libro o no, me respondió "¡A mí me parece que está buenísimo!". Así que aquí os la dejo y vosotros me diréis.

Ingredientes

- 2 pechugas de pollo
- 1 cebolla
- 1 diente de ajo
- 1 puerro
- 1 zanahoria
- 1 lata de guisantes
- 1 lata de maíz
- 1 cucharada de harina
- 1 taza de caldo de pollo
- 100 ml de nata líquida para cocinar de 18 % MG
- 2 masas de hojaldre refrigeradas
- Aceite de oliva
- Hiervas provenzales
- Sal y pimienta negra

Para hornear

- Huevo batido
- Mantequilla

En una sartén con un poco de aceite de oliva freímos la cebolla, el ajo, el puerro y la zanahoria, picado todo fino. Cuando esté pochado, agregamos la pechuga de pollo salpimentada y cortada en dados, y damos unas vueltas hasta que empiece a tomar color. Añadimos la harina y rehogamos durante 2 minutos para que se tueste y pierda el sabor a crudo. Regamos con el caldo de pollo y removemos bien.

Incorporamos los guisantes, el maíz y las hierbas provenzales, y cocemos durante unos minutos hasta que espese la salsa. Apartamos del fuego, agregamos la nata y mezclamos todo. Dejamos enfriar.

Colocamos una masa de hojaldre cubriendo el fondo y las paredes de un molde que habremos engrasado previamente. Pinchamos toda la masa con un tenedor y vertemos encima el relleno, que ya debería estar frío o por lo menos tibio. Tapamos con la otra masa, cerramos bien los bordes girándolos hacia adentro y presionando con los dedos y decoramos haciendo unas hojas con recortes del hojaldre. Pintamos la superficie con huevo batido y metemos al horno precalentado a 200° durante 30 minutos hasta que el hojaldre esté dorado. Servimos caliente o tibio.

VARIANTE Creo que un motivo por el que no me termina de convencer el relleno es por el uso de las hierbas provenzales, típico en la receta original. Si creéis que podría pasaros igual os recomiendo sustituirlas por orégano.

arroz al microondas

CON VERDURITAS Y JAMÓN

¡No puede ser más fácil! Si hay días que estáis cansados o no tenéis tiempo de meteros en la cocina, no hace falta que comáis cualquier cosa. Podéis comer un buen plato completo y caliente que os llevará el tiempo que tardéis en echar cuatro cosas en un recipiente y mezclarlo. ¡El arroz al microondas será a partir de hoy vuestro comodín!

Ingredientes

- 1 vaso de arroz
- 2 vasos de caldo de pollo
- 1 vaso de guisantes congelados
- 2 zanahorias
- 100 g de tacos de jamón
- Aceite de oliva
- Colorante alimentario o azafrán
- Sal

En un recipiente que pueda ir al microondas echamos un chorro de aceite de oliva, los tacos de jamón, las zanahorias cortadas en dados pequeños, los guisantes, un poco de colorante alimentario o azafrán y un poco de sal si se desea, teniendo en cuenta que el caldo y el jamón ya llevan suficiente sal.

Mezclamos bien y agregamos el arroz y el caldo de pollo. Removemos y metemos al microondas sin tapar, a máxima potencia durante 20 minutos.

Cuando acabe el tiempo dejamos reposar durante 5 minutos dentro del microondas antes de servir.

NOTA Según la potencia del microondas puede variar ligeramente el tiempo de cocción, estando normalmente entre 15 y 20 minutos. La primera vez que lo hagáis podéis ponerlo 15 minutos, abrir la puerta y comprobar si ya está. Si no estuviera ponedlo un par de minutos más, y así hasta que esté hecho. Tomáis nota del tiempo que os llevó en vuestro microondas y ya lo sabréis para ponerlo directamente las próximas veces.

VARIANTE Este arroz lo hago muchas veces tal y como os cuento, con jamón, zanahorias y guisantes que combinan de maravilla, pero también podéis añadir y variar ingredientes a vuestro gusto. ¡Admite casi de todo!
Tomad nota de esta otra versión que nada tiene que ver y está también deliciosa: 1 vaso de arroz, 2 vasos de caldo de pollo, 1 puñado de uvas pasas, 1 puñado de piñones, aceite de oliva, curry y sal. Hacedlo igual, mezclando todo y al microondas. ¡Riquísimo!

empanada fácil

DE ATÚN O BONITO

¡Qué ricas son las empanadas! Además me gustan especialmente porque suelen ir asociadas a comidas en el campo, celebraciones familiares, reuniones con amigos... Desde empanadas de pan hasta empanadas de hojaldre, con rellenos tan diferentes como bonito, carne, bacalao, lomo o sardinas. Existen multitud de empanadas, todas buenísimas. Como tenía que elegir solo una, me he decantado por esta clásica y fácil de hacer que a todo el mundo le gusta.

Ingredientes

Para la masa
- 500 g de harina
- 150 ml de agua
- 100 ml de aceite del sofrito
- 50 ml de vino blanco
- 1 sobre de levadura liofilizada o 40 g de levadura fresca
- 1 cucharadita de sal
- ½ cucharadita de azúcar

Para el relleno
- 1 cebolla
- 1 pimiento rojo
- 2 huevos cocidos
- 300 g de atún o de bonito en lata
- 4 cucharadas de tomate frito
- Aceite de oliva y sal

Para pintar
- 1 yema huevo

Cocemos los huevos durante 10 minutos. Los pelamos, picamos y reservamos.

En una sartén con un poco de aceite de oliva echamos la cebolla y el pimiento rojo muy picados, un poco de sal, y freímos hasta que las verduras estén bien tiernas y doradas. Agregamos las latas de atún o bonito escurridas, las 4 cucharadas de tomate frito y los huevos cocidos picados, mezclamos y dejamos enfriar completamente haciéndolo si es posible de un día para otro.

Para hacer la masa ponemos en un cuenco el agua, el vino blanco y el aceite a temperatura ambiente. Agregamos el azúcar y la levadura, que disolveremos bien, y dejamos reposar durante 10 minutos.

Pasamos esta mezcla a un bol grande, echamos la harina y la sal encima, y comenzamos a mezclar con una cuchara. Vertemos sobre la mesa, que tendremos enharinada, y amasamos hasta obtener una bola de masa lisa. Tapamos y dejamos reposar durante 30 minutos. Dividimos la masa en dos partes, una más grande que la otra. Estiramos la parte más grande con un rodillo dándole forma rectangular y reservamos los recortes de masa para decorar. La colocamos sobre la bandeja del horno engrasada o cubierta con papel vegetal, extendemos sobre la masa el relleno, que ya estará frío, y tapamos con la otra parte de la masa que habremos estirado del mismo modo. Cerramos bien los bordes girándolos hacia adentro y presionando con los dedos o con un tenedor para que no se salga el relleno durante la cocción y adornamos con los recortes de masa haciendo las formas que queramos. Pintamos toda la superficie con la yema de huevo batida y la pinchamos con un tenedor para que no se abombe. Metemos al horno precalentado a 200º durante 30 minutos hasta que esté dorada. Servimos tibia o fría.

SABÍAS QUE... La sal nunca debe entrar en contacto con la levadura porque anularía su efecto o parte de él. Por eso la añadimos encima de la harina como en esta receta, o en una esquina como en la receta de la pizza casera.

NOTA Siempre que hagamos masas que deben levar (aumentar de volumen con el reposo) utilizaremos levadura, que es un organismo vivo que se come el gluten, fermenta y libera gases que hacen subir a las masas. Podemos utilizar tacos de levadura fresca que encontraremos en algunas panaderías y en la zona de refrigerados de los supermercados, o → levadura liofilizada, que son unos granitos marrones que se venden en sobres. Lo que utilizamos para los bizcochos, aunque lo llamemos .levadura., no lo es. En realidad, es un producto químico que hace subir las preparaciones con la acción del calor. En este libro, para que no haya lugar a confusiones, lo llamo levadura química. En otros países se conoce como polvo para hornear.

pastel de repollo

Y CARNE CON MORCILLA DE ARROZ Y SALSA DE TOMATE

Que el repollo casa de maravilla con la carne y la morcilla no es ningún secreto. Si además lo presentamos convertido en un rico pastel cuajado en el horno y perfectamente acompañado de salsa de tomate, el resultado es un plato completo y fácil de preparar, ligero y delicioso. Coged un trocito de cada cosa en cada bocado, ¡mmm, una delicia!

Ingredientes

- 1 repollo
- 400 g de carne picada mixta
- 1 cebolla
- 4 huevos
- Aceite de oliva virgen
- Sal y pimienta negra

Para servir

- Morcilla de arroz
- Salsa de tomate frito

Desechamos las hojas exteriores del repollo y picamos el resto muy fino. Si disponéis de vaporera, lo cocemos al vapor. Si no, podemos hacerlo en una olla con agua con sal. Cuando empiece a hervir, tapamos y cocemos durante 20 minutos hasta que la verdura esté tierna.

En una sartén con un poco de aceite de oliva echamos la cebolla picada fina, salpimentamos y freímos hasta que esté tierna y dorada. Agregamos la carne picada, salpimentamos de nuevo y rehogamos hasta que cambie de color. Incorporamos el repollo bien escurrido y mezclamos todo. Apartamos del fuego y dejamos entibiar.

Precalentamos el horno a 180º con un recipiente grande con agua para hacer un baño María.

En un bol batimos los huevos, agregamos la mezcla de verdura y carne, removemos y vertemos en un molde que tendremos previamente engrasado. Metemos el molde al horno colocándolo dentro del recipiente con agua y cocinamos durante 30 minutos hasta que el pastel esté cuajado. Sacamos, dejamos entibiar y desmoldamos.

En una sartén bien caliente sin materia grasa, hacemos a la plancha la morcilla de arroz cortada en rodajas.

Servimos el pastel sobre la salsa de tomate frito bien caliente y acompañado de las rodajas de morcilla de arroz.

NOTA No sabía qué nombre utilizar para llamar a esta verdura redonda de hojas verdes ligeramente rizadas porque me encontré con mucha confusión al respecto. Finalmente la he llamado repollo, pero según en la región donde preguntéis encontraréis que se utiliza este nombre, o el de col rizada, col a secas, o incluso berza para denominar a la misma verdura en sus diferentes variedades.

MÁS LIGERO Podemos sustituir la carne picada mixta por carne picada de pollo y pavo. El resultado es también muy rico. La morcilla de arroz tiene mucha menos grasa que otras morcillas, pero si queréis hacerla más ligera aún podéis retirar parte de esta grasa pinchándola con un cuchillo y metiéndola en un plato al microondas durante un par de minutos antes de cortarla en rodajas.

tortilla guisada

Había un merendero en Gijón al que siempre íbamos a comer su riquísima tortilla guisada. Era un clásico en nuestra pandilla de amigos hasta que cerró y nos dejó un poquito huérfanos. Desde entonces, cuando hay antojo de tortilla guisada la preparo yo. Esta es la receta que traté de sacar del recuerdo de aquella tortilla tan rica y que al parecer ha quedado muy conseguida.

Ingredientes

Para la tortilla de patata

- 3 patatas
- 5 huevos
- 1 cebolla
- Aceite de oliva y sal

Para la salsa

- 1 cebolla
- 1 diente de ajo
- 4 tomates
- 1 pimiento verde
- ½ cucharadita de pimentón
- 1 vaso de caldo de pollo
- Aceite de oliva y sal

Comenzamos haciendo la tortilla de patata. Lavamos las patatas, las pelamos y las cortamos en trozos finos. Pelamos y picamos fina la cebolla. En una sartén con aceite de oliva freímos la cebolla y la patata a fuego medio, tapada y removiendo cada poco, para que se vayan haciendo sin coger color. Cuando la patata esté tierna, la echamos sobre un colador y la dejamos escurrir muy bien. En un bol, batimos los huevos con un poco de sal. Incorporamos la patata y la cebolla y mezclamos todo con cuidado. Vertemos en la misma sartén, de la que habremos retirado casi todo el aceite, y dejamos cuajar, dándole la vuelta para hacerla por los dos lados. Reservamos.

Para hacer la salsa, en una cazuela de barro a ser posible o en una cazuela baja de un tamaño poco más grande que la tortilla, freímos la cebolla y el ajo picados durante 15 minutos. Agregamos el pimiento verde troceado y freímos durante 15 minutos más. Añadimos los tomates rallados y el pimentón, removemos y regamos con el caldo. Dejamos reducir durante 10 minutos. Probamos y rectificamos de sal si fuera necesario. Introducimos la tortilla de patata en la cazuela comprobando que quede cubierta con la salsa y cocemos a fuego lento durante 15 minutos meneando la cazuela de vez en cuando. Servimos caliente.

IDEA Podemos hacer esta receta para aprovechar una tortilla de patata que nos haya quedado seca o que haya sobrado de otro día.

EN LA WEB En www.isasaweis.com tenéis las recetas para preparar una tortilla de patata clásica y también una tortilla de patata ligera.

hojaldre de bacon

Y QUESO CON DÁTILES

Este pastel salado tan resultón, que se hace además en un momento, es un buen apaño cuando tenemos que improvisar algo en la cocina. Bacon, queso y dátiles, envuelto en el siempre agradecido hojaldre, ya sabemos que no puede fallar. Si querías una receta fácil para salir de un apuro, aquí tienes este hojaldre que además os encantará.

Ingredientes

- 2 masas de hojaldre refrigeradas
- 1 paquete de bacon
- 1 paquete de queso en lonchas
- 1 puñado de dátiles sin hueso

Para pintar
- 1 huevo

Extendemos una de las bases de hojaldre y la colocamos sobre la bandeja del horno que tendremos engrasada o cubierta con papel vegetal. Pinchamos toda la masa con un tenedor y colocamos encima las lonchas de bacon. Distribuimos sobre el bacon los dátiles picados y tapamos con las lonchas de queso.

Cubrimos con la otra masa de hojaldre y cerramos bien los bordes, girándolos hacia adentro y presionando con los dedos o con un tenedor. Pintamos toda la superficie con huevo batido, la pinchamos con el tenedor de nuevo y lo metemos al horno precalentado a 180º durante 25 minutos hasta que la superficie se haya dorado.

Se puede comer caliente, tibio o frío.

VARIANTE Este relleno ya sabéis que me gusta mucho, pero también queda muy rico si sustituimos el bacon por jamón y los dátiles por ciruelas pasas.

NOTA El papel vegetal se utiliza para que no se peguen las masas a la bandeja del horno evitándonos tener que engrasarlas. También se conoce como papel de horno y se puede encontrar en cualquier supermercado.
Las masas de hojaldre que compramos refrigeradas vienen enrolladas en una hoja de este papel que podemos aprovechar y utilizarla en la receta.

tajine o tajín

DE KOFTAS Y HUEVOS

¡Nos encanta la comida especiada! Curry, comino, pimentón, canela, cúrcuma, cardamomo, clavo, nuez moscada, pimienta, azafrán..., ¡mmm, cuántas posibilidades en la cocina! Utilizarlas con según qué ingredientes y combinarlas entre sí es todo un arte, y yo me divierto mucho haciendo pruebas. En este plato utilizo pimentón y comino. El pimentón os resultará muy familiar. El comino es menos utilizado en nuestra cocina. Tiene mucha personalidad, así que si no estáis acostumbrados a él utilizadlo con mesura al principio, ¡ya os atrapará como hizo con nosotros!

Ingredientes

- 400 g de carne picada de ternera o mixta
- 1 cebolla
- 500 g de tomates
- 4 huevos
- 1 cucharadita de comino en polvo
- 1 cucharadita de comino en grano
- Aceite de oliva
- 1 cucharadita de pimentón dulce
- 1 puñado de perejil fresco
- Sal

Ponemos en el mortero el comino en grano y lo machacamos bien.

Echamos en un bol la carne picada, agregamos el comino recién molido, el perejil fresco picado y sal a nuestro gusto, y mezclamos. Cogemos porciones pequeñas de carne y formamos bolas sin apretarlas demasiado. Saldrán unas 24. Reservamos.

Ponemos un poco de aceite de oliva en el tajine o en una cazuela baja y freímos la cebolla picada hasta que esté bien dorada. Agregamos el tomate picado, el comino en polvo, el pimentón dulce, sal al gusto y un vaso de agua, removemos y cocinamos a fuego lento durante 15 minutos.

Incorporamos a la cazuela las bolas de carne, tapamos y cocinamos durante 15 minutos más.

Damos la vuelta a todas las bolas, tapamos de nuevo y cocinamos otros 5 minutos para hacerlas por el otro lado.

Hacemos 4 huecos con ayuda de una cuchara y echamos en cada uno un huevo. Tapamos por última vez y dejamos unos últimos minutos hasta que los huevos estén cuajados. Servimos con arroz o patatas.

SABÍAS QUE... El tajín o tajine es un recipiente que se utiliza mucho en el norte de África y que da nombre a los platos que en él se cocinan. Se trata de un plato normalmente poco profundo con una tapa en forma de cono. Su característica fundamental viene precisamente de esta tapa que hace que durante la cocción se condense el vapor en la parte de arriba para después ir goteando sobre el guiso, de modo que los alimentos se cocinan de esta forma tan especial. No obstante, aunque no sea exactamente lo mismo, si os encontráis con una receta hecha en un tajine que queráis hacer en casa y no disponéis de este recipiente, podéis hacerla en una cazuela con tapa.

ñoquis

¿Os gustan los ñoquis? Es uno de nuestros platos favoritos dentro de la cocina italiana. Tienen una textura tan agradable y delicada que nos parecen deliciosos. Aunque en Italia se ponen muy serios con la salsa que se debe utilizar en cada caso, y los ñoquis por supuesto tienen las suyas, nosotros los hemos probado con éxito con todo tipo de salsas, y es que están hechos de patata y ya se sabe que la patata ¡va bien con todo! Al igual que la masa de pizza, es muy fácil y gratificante hacerlos caseros y el resultado ¡es espectacular!

Ingredientes

- 1 kg de patatas para cocer
- 250 g de harina
- 1 huevo
- Sal

Cocemos las patatas en abundante agua con sal hasta que estén tiernas. Las sacamos, las pelamos y las aplastamos con un majador o con un tenedor. Dejamos entibiar para que con el calor no se cuaje el huevo que añadiremos.

Hacemos un hoyo en el centro del puré de patata, echamos casi toda la harina reservando una poca, el huevo y una cucharadita de sal, y comenzamos a remover con un tenedor desde el centro, incorporando poco a poco la harina. Cuando esté toda integrada, vamos amasando y añadiendo la harina que se reservó a medida que la vayamos necesitando, hasta obtener una bola de masa manejable.

Con las manos enharinadas cogemos porciones de la masa y las hacemos rodar por la mesa para obtener rollitos de 1,5 cm de grosor. Los cortamos en trozos de 2 cm de largo y los apretamos ligeramente contra los agujeros de un rallador grueso o bien los aplastamos un poco con el tenedor.

Para cocerlos ponemos una olla grande al fuego con abundante agua con sal. Cuando comience a hervir vamos echando los ñoquis por tandas, y a medida que vayan subiendo a la superficie los vamos sacando con una espumadera. Se hacen en escasos minutos. Solo nos queda servirlos con la salsa que hayamos elegido.

SABÍAS QUE... Las marcas o surcos en los ñoquis, al igual que en tantas modalidades de pasta, se hacen para crear una superficie rugosa y que la salsa con la que lo sirvamos se adhiera bien.

NOTA Las salsas más típicas para los ñoquis son la salsa de tomate, salsa boloñesa o ragú de ternera, salsa de nata y queso gorgonzola, o simplemente mantequilla fundida y unas hojas de salvia. Y por supuesto con un buen queso rallado por encima.

VARIANTE Aunque yo no suelo hacerlo, sabed que también es típico añadirle a la masa un poco de nuez moscada.

para los amantes de la carne

He reunido aquí algunos de los platos de carne que más me gustan. He tratado de hacer una selección variada, lo que me ha resultado bastante difícil pero que al final me gusta cómo ha quedado. Os sugiero algunos platos de pollo, pavo, ternera y cerdo. Desde carne picada hasta costillas, desde platos tradicionales a alguno con sabores sorprendentes, en la cazuela, en la sartén o en el horno, para un día cualquiera o para invitar a unos amigos... Un poco de todo que espero que os resulte muy apetecible y pongáis en práctica. Vamos allá, ¡para los amantes de la carne!

carne al curry

CON PASAS

Nunca tendré la mano que tiene mi madre para los guisos de carne. “¿Cómo lo has hecho?”, “pues nada, muy fácil, si es que no he hecho nada especial” (siempre empieza así a darme sus recetas)... Y yo lo hago igual que ella me dice, palabrita, y me queda solo parecido..., ja, ja. Esta es la receta de carne al curry de mi madre. Os va a quedar solo parecida a como le queda a ella, pero con todo y eso ¡os encantará!

Ingredientes

- 1 kg de carne de ternera para guisar
- 2 cebollas
- 2 dientes de ajo
- 1 puñado de uvas pasas
- 1 y ½ vasos de agua
- Aceite de oliva virgen
- 1 chorro de vinagre de manzana
- 2 cucharadas de curry
- Sal

Retiramos toda la grasa visible de la carne y la cortamos en trozos medianos.

Ponemos una olla al fuego con un poco de aceite de oliva virgen. Cuando esté caliente, freímos la carne a fuego fuerte, hasta que cambie de color. Bajamos un poco el fuego, agregamos los ajos y las cebollas picado todo fino y rehogamos durante 20 minutos.

Incorporamos las uvas pasas, el vinagre, el curry, un poco de sal y el agua, y dejamos que comience a hervir. Bajamos un poco más el fuego, tapamos y cocinamos a fuego lento durante 2 horas hasta que la carne esté tierna. Si durante la cocción se quedara la salsa muy seca podemos agregar un poco más de agua.

Servimos acompañado de arroz blanco, puré de patata o patatas fritas.

SUGERENCIA Siempre que friais en general y carne en particular, lo ideal es hacerlo por tandas. Iremos friendo 8 o10 trozos de carne de cada vez, los sacamos y continuamos con el resto. Una vez esté toda la carne frita la echamos de nuevo en la olla y continuamos con la receta. Se hace así para que no baje la temperatura del guiso al freír mucho de una vez, en cuyo caso en lugar de sellarse la carne empieza a soltar agua, termina cociéndose y no queda igual de tierna.

IDEA Esta receta se puede hacer también en la olla a presión o exprés para tardar menos tiempo, entre 20 y 45 minutos en función de vuestra olla. De hecho, mi madre, que es muy práctica, la hace siempre así. En este caso, haríamos la receta igual pero echaríamos solo medio vaso de agua porque se evapora menos durante la cocción.

albóndigas de tatá

Para nosotros estas son las albóndigas de Tatá, mi abuela materna, aunque deben de ser las albóndigas de todas las abuelas. Saben a eso, a guiso de toda la vida, de abuela. A plato de los que no se olvidan, de los que te transportan a la infancia. A los veranos en el pueblo. A llegar de la piscina muerta de hambre y perder la cuenta de cuántas albóndigas con patatas fritas comías. Cuánto echo de menos a mis abuelas... Va en tu honor, Tatá.

Ingredientes

Para las albóndigas
- 500 g de carne picada mixta
- 1 huevo
- 1 puñado de miga de pan
- Harina
- 1 chorro de leche
- 1 diente de ajo
- 1 puñado de perejil fresco
- 1 cucharadita de sal y pimienta negra

Para la salsa
- 3 cebollas
- ½ l de caldo de pollo aprox.
- Aceite de oliva virgen
- Sal

Machacamos en el mortero el diente de ajo con la sal y el perejil.

Echamos en un bol la carne picada y añadimos el huevo, la miga de pan que habremos remojado en un poco de leche, el majado del mortero y un poco de pimienta. Mezclamos bien y dejamos reposar 30 minutos.

Cogemos porciones pequeñas de carne, damos forma a las albóndigas con las manos, las pasamos por harina sacudiendo bien el exceso y las freímos en una sartén con aceite de oliva a fuego medio hasta que estén doradas. Las vamos sacando sobre papel absorbente y las pasamos a una cazuela. En la misma sartén donde hemos hecho las albóndigas, colando el aceite si tuviera muchos residuos, freímos las cebollas picadas hasta que estén bien tiernas y doradas. Sacamos 3 o 4 cucharadas de cebolla frita y las reservamos. Agregamos el caldo y dejamos cocer durante 10 minutos para que reduzca. Apartamos del fuego, trituramos la salsa con la batidora y la vertemos en la cazuela sobre las albóndigas. Agregamos la cebolla frita reservada y cocemos todo junto durante 15 minutos. Servimos con patatas fritas o arroz blanco.

TRUCO El secreto de mi abuela Tatá, según me contó mi madre, era que agregaba a la mezcla de carne para las albóndigas un poco de tocino blanco picado muy fino. Le daba un sabor y una jugosidad extra, que las hacía únicas.

SUGERENCIA La salsa se puede triturar o no, según gustos. Yo, aunque la triture como os cuento en la receta, saco siempre un poco de cebolla frita para agregarla al final y darle textura y otra presencia a la salsa. Pero si tenéis a alguien en casa que prefiera no encontrarse la cebolla, simplemente no saquéis esas cucharadas y trituradla toda.

IDEA Para enharinar las albóndigas con facilidad y sin embadurnarnos, podemos ayudarnos de un vaso y un colador. Ponemos un poco de harina en un vaso, echamos la albóndiga y lo agitamos para cubrirla bien. La pasamos al colador y lo sacudimos. Así quedan perfectamente cubiertas y con solo una fina capa de harina, que es lo ideal.

estofado de ternera

Un estofado de ternera sabroso, reconfortante y tradicional. Un guiso sin misterios, de los que llevan haciéndose igual desde hace muchos años porque funcionan de maravilla así como son, con pocos ingredientes y mucho cariño. Este delicioso plato de carne acompañado con patatas fritas o arroz es un básico en cualquier cocina. ¡Seguro que lo disfrutaréis y haréis disfrutar con él!

Ingredientes

- 1 y ½ kg de carne de ternera para guisar
- 4 zanahorias
- 4 dientes de ajo
- 4 cebollas
- 1 vaso de agua
- 200 g de tomate frito
- Aceite de oliva virgen
- 1 chorro de vino tinto
- 1 hoja de laurel
- 1 cucharadita de pimentón
- Sal y pimienta negra

Retiramos toda la grasa visible de la carne y la cortamos en trozos medianos.

Pelamos las cebollas y los dientes de ajo y los picamos. Pelamos las zanahorias y las cortamos en rodajas.
Ponemos una olla al fuego con un poco de aceite de oliva virgen. Cuando esté bien caliente, freímos la carne a fuego fuerte hasta que cambie de color. Bajamos un poco el fuego, agregamos los ajos y las cebollas y rehogamos durante 15 minutos hasta que la cebolla se ablande y se dore. Incorporamos las zanahorias y rehogamos durante 10 minutos más. Agregamos el pimentón, removemos y echamos el tomate frito, la hoja de laurel, el vino tinto y el agua. Mezclamos todo, tapamos y cocinamos a fuego lento durante 2 horas hasta que la carne esté tierna. Si durante la cocción se quedara la salsa muy seca, podemos agregar un poco más de agua.

Servimos acompañado de arroz blanco, puré de patata o patatas fritas.

NOTA Las cantidades que pongo en la receta son abundantes. Lo he hecho así porque el trabajo al cocinar es casi el mismo y después podéis congelar parte del estofado en raciones. Descongela muy bien y tendréis la comida resuelta para varios días. Si preferís que no sobre, entonces simplemente haced la receta con la mitad de las cantidades.

SUGERENCIA Si preferís que la salsa quede más ligada, como una crema, una vez terminado el guiso podemos sacar los trozos de carne, incluso algún trozo de zanahoria, y triturar el resto de la salsa con la batidora. Incorporamos de nuevo la carne a la salsa y servimos.

VARIANTE Se puede agregar 1 taza de guisantes congelados a la vez que las zanahorias. Otra opción es agregar 2 tazas de champiñones laminados. Ambas combinaciones quedan muy ricas.

IDEA Podemos hacerlo en la olla a presión o exprés para tardar menos tiempo, entre 20 y 45 minutos en función de vuestra olla. En este caso haríamos la receta igual pero echaríamos solo medio vaso de agua porque se evapora menos durante la cocción.

costillas al horno

CON PATATINAS

Sin más que disponer todos los ingredientes en la cazuela y meterla en el horno tendréis un guiso para chuparse los dedos. La miel, el brandy, el orégano y el romero son muy buenos amigos de la carne, y junto con el dulzor de la cebolla y el jugo de las costillas, harán una salsita deliciosa. ¡Preparad una buena barra de pan porque vais a hacer muchos barquitos!

Ingredientes

- 1 kg de costillas de ternera
- 600 g de patatas de guarnición o patatas parisinas
- 1 cebolla
- 2 dientes de ajo
- Aceite de oliva virgen y sal

Para la salsa

- 1 chorro de brandy
- ½ vaso de agua
- 2 cucharadas de miel
- 2 cucharadas de aceite de oliva virgen
- 1 cucharadita de orégano
- ½ cucharadita de romero
- 1 cucharadita de sal
- 1 pizca de pimienta negra

Salamos ligeramente las costillas de ternera, retiramos los trozos de grasa visible y reservamos.

En un cuenco mezclamos bien todos los ingredientes de la salsa y reservamos.

Pelamos y cortamos la cebolla en pluma fina o medias lunas. Pelamos y picamos los dientes de ajo.

En una cazuela de barro grande echamos un chorro de aceite de oliva, colocamos encima la cebolla y el ajo ya cortados, y sobre ello las costillas de ternera troceadas. Distribuimos por la cazuela las patatas peladas y regamos todo con la salsa. Metemos al horno precalentado a 160º durante 2 horas hasta que las costillas estén tiernas. Durante la cocción sacamos del horno dos o tres veces, damos la vuelta a las costillas, regamos todo con la salsa que se vaya creando, meneamos un poco la cazuela para ligarlo bien y metemos al horno de nuevo. Servimos recién sacado del horno en la propia cazuela.

SUGERENCIA Si no encontráis patatas parisinas o de guarnición, podéis utilizar patatas para cocer que pelaremos y cortaremos en trozos regulares.

NOTA Si no tenéis cazuela de barro, podéis utilizar cualquier fuente grande que pueda ir al horno.

pechugas mozárabes

¡Volvemos a las especias y a la mezcla de sabores y aromas de la cocina árabe con esta receta, que es una de mis favoritas! Resulta una combinación deliciosa que a nadie dejará indiferente. A mí personalmente me encanta este plato. Es saludable, equilibrado y lleno de sabores, una prueba más de que se puede comer cuidando nuestra salud sin renunciar a platos riquísimos. Os aseguro que todo el que lo prueba repite.

Ingredientes

- 2 pechugas de pollo
- 4 tomates
- 2 zanahorias
- 1 cebolla
- 1 pimiento verde
- 1 puñado de almendras fritas
- 1 puñado de higos secos
- 1 puñado de uvas pasas sin hueso
- 1 vaso de agua
- Aceite de oliva
- 1 cucharadita de curry
- 1 cucharadita de comino en polvo
- 1 cucharadita de canela en polvo
- Sal y pimienta negra

Limpiamos las pechugas de pollo, las cortamos en dados, las salpimentamos y reservamos.

En una sartén grande echamos un poco de aceite de oliva y cuando esté caliente freímos la cebolla picada con un poco de sal durante unos 15 minutos.

Cuando se haya pochado agregamos el pimiento verde picado y sofreímos durante 15 minutos más.

Incorporamos la zanahoria cortada en dados pequeños y continuamos pochando las verduras otros 15 minutos hasta que comiencen a ablandarse.

Añadimos los tomates picados, otro poco de sal, mezclamos y rehogamos todo durante 15 minutos más.

Incorporamos la pechuga de pollo y damos unas vueltas hasta que cambie de color. Agregamos entonces el resto de los ingredientes, las almendras picadas, las uvas pasas, los higos troceados, el curry, el comino y la canela. Mezclamos bien todo, regamos con el vaso de agua, y cuando comience a hervir bajamos el fuego y cocinamos a fuego lento durante unos 20 minutos hasta que reduzca la salsa. Servimos con arroz blanco o cuscús.

SUGERENCIA Os animo a que probéis a hacer la receta tal cual os indico, pero, por supuesto, si no tenéis o no queréis añadir algún ingrediente o preferís sustituir uno por otro, podéis hacerlo. Por ejemplo podéis utilizar ciruelas pasas, dátiles, orejones, cacahuetes, piñones... ¡Este plato es una fiesta!

SABÍAS QUE... Al echar un poco de sal a las verduras mientras las freímos, conseguimos que suelten sus jugos y ayudamos a que se pochen antes. Lo notaréis especialmente con la cebolla.

pechugas de pollo

EN ESCABECHE DE NARANJA Y ROMERO

El escabeche es un método de conservación de los alimentos donde se utiliza aceite de oliva, vinagre, laurel y pimienta en grano como base, y después se pueden añadir otras hierbas y especias. Es muy habitual escabechar atún o mejillones, pero también se puede hacer con carne, pollo o pavo, incluso con verduras y hortalizas (prometo enseñaros algún día también mi receta de patatas y verduras en escabeche porque es deliciosa). En esta receta lo haremos con pechugas de pollo y además utilizaremos pimentón dulce, naranja y romero, resultando un plato ex-qui-si-to.

Ingredientes

- 4 pechugas de pollo
- 1 puerro
- 1 cebolla
- 1 zanahoria
- Aceite de oliva virgen extra
- Sal y pimienta negra

Para el escabeche

- 1 vaso de aceite de oliva virgen extra
- ¼ de vaso de vinagre de manzana
- ½ vaso de zumo de naranja natural
- 1 cucharadita de pimentón dulce
- 1 trozo de piel de naranja
- 1 hoja de laurel
- 2 ramas de romero fresco
- 4 bolas de pimienta negra

Salpimentamos las pechugas de pollo enteras y las freímos en una cazuela que tendremos a fuego fuerte con un poco de aceite de oliva bien caliente dorándolas por ambos lados. Las sacamos y las reservamos.

Picamos en dados muy pequeños la parte blanca del puerro, la zanahoria y la cebolla, y pochamos las verduras en la misma cazuela con el mismo aceite de haber dorado el pollo. Cuando cojan color, agregamos el pimentón, la hoja de laurel, las ramas de romero fresco, el trozo de piel de naranja y las bolas de pimienta negra, removemos y agregamos el aceite de oliva, el vinagre y el zumo de naranja. Introducimos las pechugas de pollo, que han de quedar cubiertas por el escabeche, tapamos y cocemos a fuego lento durante 25 minutos. Destapamos y continuamos la cocción a fuego lento durante 15 minutos más. Apartamos del fuego, retiramos la hoja de laurel, la piel de naranja y las ramas de romero y dejamos entibiar. Metemos en la nevera durante unas horas, o mejor aún hasta el día siguiente para que se intensifiquen los sabores.

Servimos tibio o frío acompañado de unas hojas de ensalada fresca, o bien con patatas fritas o arroz blanco.

SUGERENCIA Os puede parecer mucho utilizar 1 vaso de aceite, pero los escabeches son así. No os preocupéis por la línea, en realidad resulta un plato ligero porque el aceite solo se utiliza para cocinar el pollo, que ha de quedar cubierto para que se haga bien, pero luego no se consume. Por otro lado, no se os ocurra tirar el escabeche del cocinado. Coladlo, echadlo en un frasco y guardadlo en la nevera. Es una delicia para regar un pescado que vamos a hacer al horno o para aliñar ensaladas.

NOTA Lo habitual es consumir los escabeches tibios o fríos, pero nosotros también hemos comido este plato caliente servido con arroz blanco o patatas fritas y está riquísimo.

pollo al limón

Si os gustan los restaurantes chinos, probablemente hayáis comido alguna vez el famoso pollo al limón. La verdad es que en cada restaurante lo preparan de una manera, pero sea como sea, suele estar muy rico, ¿verdad? Crujiente y jugoso, servido con una salsa agridulce un poquito espesa, gusta a todo el mundo. Os cuento cómo lo hago yo para disfrutar este plato en casa.

Ingredientes

- 4 pechugas de pollo
- Aceite de girasol
- Pan rallado

Para el marinado

- 1 huevo
- 2 cucharadas de salsa de soja
- ½ cucharadita de sal

Para la salsa

- 1 taza de caldo de pollo
- 2 cucharadas de vinagre de manzana
- 8 cucharaditas de azúcar
- El zumo de 1 limón
- 2 cucharaditas colmadas de harina fina de maíz Maizena
- ½ cucharada de salsa de soja
- Unas rodajas de limón

Limpiamos las pechugas de pollo retirando la grasa visible.

Ponemos en un recipiente los ingredientes del marinado, batimos bien y metemos dentro las pechugas de pollo enteras. Damos unas vueltas para cubrirlas bien con el marinado, tapamos y reservamos en la nevera.

Echamos la Maizena en un poco del caldo de pollo frío y la disolvemos bien.

Ponemos en un cazo al fuego el resto de los ingredientes de la salsa y calentamos hasta que empiece a hervir. En ese momento, echamos la Maizena que habíamos disuelto en el caldo y removemos durante unos minutos hasta que la salsa espese. Probamos para rectificar el punto de sal, acidez y dulzor, agregando un poco más de sal, zumo de limón o azúcar a nuestro gusto. Incorporamos a la salsa las rodajas de limón cortadas finas, apartamos del fuego y reservamos.

Sacamos el pollo del marinado, lo pasamos por pan rallado y lo freímos en una sartén con abundante aceite de girasol, a fuego medio para que se vaya dorando por fuera pero se haga bien por dentro. Sacamos sobre papel absorbente para retirar el exceso de aceite y lo cortamos en tiras de 2 cm de ancho con ayuda de un cuchillo bien afilado. Colocamos las pechugas en una fuente manteniendo su forma original, disponemos encima las rodajas de limón, a las que podemos hacer un corte y colocar giradas para decorar, y regamos con un poco de la salsa caliente.

Servimos enseguida con el resto de la salsa en una salsera.

VARIANTE A mí me gusta particularmente la textura que aporta el pan rallado, pero en algunos restaurantes encontraréis que rebozan el pollo en harina de trigo o harina de maíz.

muslos de pavo

EN SALSA DELICIOSA

Un amigo de mi hermano dice que la salsa de esta receta es como para meterte en una bañera con una pajita y llenarla hasta arriba con ella, ja,ja,ja. Siendo así, he tenido que bautizarla como "salsa deliciosa" porque realmente lo es. No sé si con pajitas o no, pero sí preparad al menos un buen trozo de pan porque ¡os vais a chupar los dedos!

Ingredientes

- 4 muslos de pavo
- 8 chalotas
- 8 dientes de ajo
- Aceite de oliva virgen
- ½ cucharadita de orégano
- ½ cucharadita de romero
- Sal y pimienta negra

Para el barniz
- ½ vaso de aceite de oliva virgen extra
- 4 cucharadas de salsa de soja
- 1 cucharadita de pimentón dulce

Para la salsa
- 3 puerros (solo la parte blanca)
- 1 y ½ vasos de nata líquida para cocinar de 18 % MG
- ½ vaso de salsa de soja
- Aceite de oliva virgen extra

En un cuenco mezclamos todos los ingredientes del barniz. Salpimentamos los muslos de pavo y los embadurnamos bien con el barniz.

Ponemos en una fuente que pueda ir al horno las chalotas enteras y peladas y los dientes de ajo enteros sin pelar. Condimentamos con el orégano, el romero y un poco de sal, regamos con un poco de aceite de oliva virgen extra y colocamos encima los muslos de pavo. Metemos al horno precalentado a 180º durante 45 minutos.

Para hacer la salsa calentamos en una sartén un poco de aceite de oliva. Agregamos los puerros, que habremos cortado en rodajas finas y rehogamos durante 20 minutos hasta que estén tiernos. Incorporamos la nata líquida y dejamos reducir durante 10 minutos. Añadimos la salsa de soja, mezclamos bien y reservamos.

Servimos los muslos de pavo con la guarnición de chalotas y ajos, y regamos todo con la salsa de puerros bien caliente. Acompañamos con patatas fritas o patatas asadas que podemos aprovechar para asar en el horno a la vez que el pavo.

SUGERENCIA La chalota es una variedad de la familia de la cebolla que es muy aromática y delicada. Si no la encontráis, podéis sustituir en esta receta las 8 chalotas por 4 cebolletas y en lugar de asarlas enteras, cortarlas a la mitad o en cuartos.

VARIANTE Podemos hacer la misma receta con muslos o zancas enteras de pollo.

lomo relleno

DE JAMÓN Y QUESO CON CORTEZA DE MOSTAZA DULCE

Un lomo relleno siempre es un plato a tener en cuenta si tenéis invitados o una comida especial pero no queréis pasaros el día en la cocina. Resulta muy sencillo de hacer, lleva poco tiempo y el resultado es muy aparente (¡y es que hay que ser prácticos! Ja, ja). En este caso, os lo presento relleno de jamón y queso, con una corteza de mostaza dulce y una salsa de ciruelas, sabores que combinan de maravilla con la carne de cerdo y entre sí, y que harán de este un gran plato.

Ingredientes

- 1 cinta de lomo de cerdo
- Unas lonchas de queso
- Unas lonchas de jamón
- 1 chorro de vino blanco
- 1 vaso de caldo de pollo o de carne
- 12 ciruelas pasas
- Aceite de oliva
- Sal y pimienta negra

Para la corteza

- 6 cucharadas de mostaza Dijon
- 2 cucharadas de mostaza a la antigua
- 3 cucharadas de miel

Pedimos al carnicero que corte la cinta de lomo en libro dejando los filetes unidos por abajo a modo de hojas. Salpimentamos cada corte e introducimos en cada uno una loncha de queso y una loncha de jamón. Una vez relleno, lo fijamos bien atravesando toda la pieza con 3 o 4 brochetas.

En una cazuela o sartén profunda con tapa echamos un chorro de aceite de oliva, y cuando esté bien caliente freímos la pieza de lomo a fuego fuerte, dándole la vuelta para dorarla por todos los lados. Sacamos la carne a un plato y echamos en la cazuela el vino blanco y el caldo. Dejamos que hierva durante 5 minutos rascando bien el fondo de la cazuela con una cuchara para recuperar todos los sabores.

En un cuenco mezclamos la mostaza Dijon, la mostaza a la antigua y la miel. Embadurnamos la pieza de lomo con esta mezcla cubriéndola bien por todas partes y la metemos de nuevo en la cazuela. Agregamos las ciruelas pasas alrededor, tapamos y cocinamos a fuego medio durante 25 minutos. Sacamos la pieza de lomo y trituramos la salsa con la batidora. Retiramos las brochetas de la carne y la cortamos perpendicularmente al corte de los filetes. Servimos con la salsa de ciruelas bien caliente en un cuenco aparte, acompañado de puré de patata.

VARIANTE Podemos sustituir las lonchas de jamón por lonchas de bacon, que aportarán el delicioso toque ahumado.

EN LA WEB Si os gusta la salsa de ciruelas para acompañar a las carnes, buscad en www.isasaweis.com la receta de Pollo Pekin.

filetes de lomo

EN SALSA DE SETAS

Normalmente no dejamos volar mucho la imaginación con los filetes de lomo. Vuelta y vuelta en la sartén, unos pimientinos rojos para acompañar y ¡listo! Tampoco hace falta mucho más, están tan ricos... Pero también se pueden guisar y obtener un buen plato, y así salimos del sota, caballo y rey. Por si os apetece cambiar, os dejo esta receta. Utilizando una bolsa de setas congeladas, algunas hierbas y un poquito de vino, resulta un guiso de lo más bueno.

Ingredientes

- 500 g de filetes de lomo
- 1 cebolla
- 2 dientes de ajo
- 2 cucharadas de tomate frito
- 1 chorro de vino blanco
- 1 vaso de agua
- 1 bolsa de setas variadas congeladas
- Aceite de oliva virgen
- 1 hoja de laurel
- ½ cucharadita de romero
- Sal y pimienta negra

En una cazuela baja echamos un chorro de aceite de oliva y cuando esté bien caliente, freímos los filetes de lomo solo vuelta y vuelta para sellarlos. Los vamos sacando a un plato, los cortamos en trozos y reservamos.

En el mismo aceite echamos los dientes de ajo y la cebolla, todo finamente picado, un poco de sal, y rehogamos durante 20 minutos, hasta que la cebolla se ablande.

Añadimos el tomate frito y el vino blanco y dejamos reducir durante 5 minutos para que se evapore el alcohol. Agregamos las setas congeladas, mezclamos e incorporamos los filetes de lomo troceadosque habíamos reservado, la hoja de laurel, el romero, el vaso de agua, sal y pimienta. Mezclamos todo, tapamos y cocinamos a fuego bajo durante 1 hora hasta que la salsa se haya reducido y la carne esté tierna. Servimos con arroz blanco, patatas fritas o puré de patata.

IDEA Se puede hacer también en la olla a presión o exprés para tardar menos tiempo, entre 10 y 25 minutos en función de vuestra olla. En este caso, haríamos la receta igual pero echaríamos solo medio vaso de agua porque se evapora menos durante la cocción.

VARITANTE Si queréis darle un toque diferente, añadid una o dos onzas de chocolate negro a la vez que el tomate frito. El chocolate combina muy bien con los guisos de carne y también con las setas.

lomo a la naranja

CON SALSA DE CARAMELO

Otra receta de mi tía Mari, y es que su recetario particular ¡es espectacular! "Tía, ¡tienes que darme esta receta!" Y me hace mucha gracia cómo me las explica: "Claro, pues nada... pones un poco de esto y de esto otro", "Tía, ¿cantidades?" "No sé, uno o dos, o tres si son pequeños... como quieras, o si prefieres echas esto otro, y ya lo dejas hasta que veas que está, que se va viendo..." ja, ja, ja. Voy a tener que meterme con ella en la cocina y tomar buena nota de todo. Mientras, os dejo con otra de sus famosas recetas.

Ingredientes

- 1 cinta de lomo de cerdo
- 1 cucharada colmada de azúcar moreno
- 1 naranja
- Aceite de oliva virgen extra y sal

Para la salsa

- 2 cucharadas de azúcar
- 1 cucharadita de harina fina de maíz Maizena
- El zumo de 1 naranja
- El jugo de asar la carne
- ½ vaso de agua fría
- Sal

Ponemos en una fuente de horno la cinta de lomo. La salamos, espolvoreamos por encima el azúcar moreno y regamos con un buen chorro de aceite de oliva virgen extra. Distribuimos alrededor la cebolla cortada en medias lunas con un poco de sal y la naranja con piel cortada en rodajas finas, y metemos al horno precalentado a 180° durante 1 hora. Durante la cocción lo sacamos del horno un par de veces para dar la vuelta a la carne.

Cuando la carne esté hecha, pasamos la cinta de lomo a un plato, la cebolla y las rodajas de naranja a otro, y recuperamos todos los jugos de la fuente donde la asamos rascando bien el fondo. Reservamos.

Ponemos en una sartén al fuego las 2 cucharadas de azúcar y sin moverlo dejamos que se haga un caramelo. Agregamos con cuidado el jugo que soltó la carne al asarse, la Maizena que habremos disuelto en el medio vaso de agua fría, el zumo de naranja y un poco de sal, y cocemos sin dejar de remover durante 5 minutos. Echamos la salsa en el vaso de la batidora junto con parte de la cebolla y trituramos bien.

Cortamos la carne en lonchas finas y la disponemos en una fuente. Vertemos la salsa por encima y decoramos con el resto de la cebolla y las rodajas de naranja. Servimos con puré de patata o patatas fritas.

SABÍAS QUE...

La mayoría de los hornos incorporan una luz que se apaga al alcanzar la temperatura elegida. Así, si la receta os indica que precalentéis el horno a 180°, al encender en horno y poner la temperatura a 180°, la luz se encenderá y se apagará al alcanzar los 180°. En ese momento el horno estará listo para meter nuestra preparación.

para los que prefieren el pescado

O para aquellos a los que, como a mí, os guste el pescado tanto como la carne. Y los huevos y las legumbres, y por supuesto las verduras y hortalizas, y, cómo no, las frutas... El que cocine para nosotros lo tiene fácil, ¿eh? Ja, ja.

Confiando en que os gusten los platos de pescado, os dejo algunas de mis recetas favoritas. Es más, ni siquiera confiando en eso, porque estoy segura de que en esta sección, en la que he tratado de nuevo de que haya mucha variedad, encontraréis más de una que os encantará. ¡Confiad en mí!

buñuelos ligeros

DE BACALAO Y PATATA

Bacalao, patata, ajo y perejil. Unos ingredientes tan típicos de nuestra cocina no es de extrañar que hagan de estos buñuelos un bocado exquisito. Con una ligera corteza por fuera, esponjosos y suaves por dentro, son una delicia para el paladar. Os voy avisando... ¡perderéis la cuenta de los que lleváis comidos!

Ingredientes

- 450 g de patatas para cocer
- 350 g de lomos de bacalao desalado
- 2 dientes de ajo
- 2 huevos
- 1 puñado de perejil fresco y sal
- Aceite de oliva, para freír

Hervimos las patatas con piel en abundante agua con sal durante unos 40 minutos hasta que estén cocidas. Dejamos entibiar, las pelamos y las troceamos.

Desmigamos los lomos de bacalao con las manos, retirando la piel y las espinas que pudieran tener.

Trituramos los dientes de ajo con un prensaajos o bien los machacamos en el mortero.

Separamos las yemas de las claras de huevo y reservamos las claras en la nevera.

En un bol echamos el bacalao desmigado, la patata troceada, el ajo machacado, el perejil picado, un poco de sal y las yemas de huevo, y aplastamos todo con un majador de patatas o con un tenedor mezclándolo bien. Tapamos y reservamos en la nevera durante 30 minutos para que coja consistencia.

Sacamos las claras de huevo de la nevera y las batimos con un tenedor.

Cogemos porciones de la mezcla de bacalao y patata, formamos los buñuelos con las manos, los pasamos por las claras de huevo batidas y los freímos en abundante aceite a fuego medio dándoles la vuelta para dorarlos por todas partes. Sacamos sobre papel absorbente y servimos.

IDEA Se pueden servir calientes, tibios o fríos, están ricos de todas las maneras, y acompañarlos con mayonesa casera (Ver receta en pág. 224).

SUGERENCIA Podéis utilizar bacalao salado o, como yo, directamente bacalao desalado en su punto de sal, que se encuentra en la sección de refrigerados de los supermercados. No debe confundirse con el bacalao fresco, no es lo mismo. Este es un bacalao que ha estado previamente salado y que han desalado por nosotros para ahorrarnos el trabajo y el tiempo de desalarlo durante 48 horas, cambiándolo de agua varias veces.

SABÍAS QUE... Las patatas se cuecen con piel para que no absorban tanta agua y conserven en la medida de lo posible su almidón. El tiempo de cocción es aproximado porque depende del tamaño de la patata. Para saber si están bien cocidas, las pinchamos con un cuchillo, que debería entrar y salir sin dificultad y sin levantar la patata del fondo de la olla.

bacalao de tatá

No recuerdo que mi abuela Tatá hiciera nunca el bacalao de otra forma que no fuera con esta receta, típica de su pueblo y famoso por ella entre otras cosas. Tampoco recuerdo que mi madre hiciese otro bacalao que no fuera este, el de su madre. ¡Ni falta que hacía! En mi casa, tener bacalao para comer era tener este delicioso plato con su refrito de ajo y pimentón, servido con huevos cocidos. Aunque lo de los huevos creo que es aportación de mi familia, o de mi abuela..., no sé, el caso es que en los restaurantes no los ponen, pero hacedme caso, Tatá, era mucha Tatá..., ¡que no se os olviden!

Ingredientes

- 8 lomos de bacalao salado
- 6 dientes de ajo
- 4 huevos cocidos
- Aceite de oliva virgen
- Pimentón dulce

Desalamos el bacalao durante 48 horas, dejándolo en la nevera dentro de un bol lleno de agua y cambiando el agua 3 veces. La carne del bacalao debe quedar esponjosa y en su punto de sal.

Ponemos los huevos en un cazo al fuego cubiertos con agua fría y cocemos durante 10 minutos. Sacamos, pelamos y los cortamos a la mitad. Reservamos.

Ponemos una olla al fuego con agua, y cuando comience a hervir agregamos los lomos de bacalao para escaldarlos durante 2 minutos. Escurrimos y reservamos.

Ponemos una cazuela alta, a ser posible de barro, al fuego. Agregamos un buen chorro de aceite de oliva, y cuando esté caliente, incorporamos los lomos de bacalao con el lado de la piel hacia abajo. Espolvoreamos cada lomo con un poco de pimentón y dejamos a fuego medio mientras preparamos la ajada.

En una sartén con abundante aceite de oliva doramos los ajos laminados. Apartamos del fuego, agregamos una cucharada de pimentón, removemos rápido y vertemos en la cazuela de barro sobre el bacalao.

Añadimos a la cazuela los huevos cocidos cortados a la mitad y cocemos durante 3 minutos más. Servimos enseguida.

NOTA Al igual que os comento en la receta de los buñuelos de bacalao y patata, podríamos utilizar directamente bacalao desalado en su punto de sal para no tener que desalarlo en las 48 horas previas.

SUGERENCIA Mi madre es de León, tierra donde abundan las recetas de conejo y de bacalao, y en su familia tienen una máxima "el único secreto de un buen guiso de conejo o de bacalao es ser generoso con el aceite de oliva". Ahí lo dejo.

cazuela de merluza

EN SALSA VERDE CON ALMEJAS Y GAMBAS

Merluza en salsa verde, qué sencilla y qué rica, ¿verdad? Y con unas almejas y unas gambas tenemos un plato maravilloso. Un clásico de nuestra cocina que seguro que en muchas de vuestras casas se hace de forma muy similar. Pero si no tenéis receta de merluza en salsa verde, anotad esta porque no puede faltar en vuestro recetario.

Ingredientes

- 8 rodajas de merluza
- 4 cebollas
- 2 dientes de ajo
- 200 g de almejas
- 200 g de gambas peladas
- 1 chorro de vino blanco
- Aceite de oliva
- Harina
- Perejil fresco
- Sal

Ponemos las almejas en una cazuela pequeña al fuego, tapamos y cocinamos hasta que se abran. Reservamos.

Salamos las rodajas de merluza, las enharinamos sacudiendo bien el exceso y las freímos en una cazuela o una sartén profunda hasta dorarlas ligeramente por ambos lados. Sacamos y reservamos.

En el mismo aceite, echamos las cebollas y los ajos picados, y freímos hasta que estén dorados. Agregamos un buen chorro de vino blanco y unas ramas de perejil fresco picado, meneamos un poco la cazuela rascando el fondo para recuperar todos los sabores e incorporamos de nuevo las rodajas de merluza. Cocinamos tapado a fuego medio durante 10 minutos.

Añadimos las almejas con el jugo de la cocción, que habremos colado con un colador de tela, y las gambas peladas, y cocinamos sin tapar durante 10 minutos más para que espese la salsa. Servimos caliente.

SUGERENCIA En el momento de servir, podemos añadir a la cazuela unos huevos cocidos cortados en cuartos y unos espárragos blancos, que combinan muy bien y harán el plato más bonito y completo.

merluza rellena

DE TORTILLA DE CEBOLLA Y SALMÓN AHUMADO

He hecho varias veces esta receta en Navidad para la familia y siempre gusta mucho. Si buscáis un plato de pescado para un día especial, aquí lo tenéis. Una vez más, no os voy a hacer pasar mucho tiempo en la cocina, casi se hace solo. La combinación de tortilla de cebolla, salmón ahumado y el delicado sabor de la merluza es estupenda, la presencia del plato espectacular y el sabor maravilloso. ¡Todo un plato de fiesta!

Ingredientes

- 1 merluza entera
- 200 g de salmón ahumado
- 4 huevos
- 1 cebolla
- Aceite de oliva
- Sal
- Mayonesa casera (ver receta en pág. 224)

Pedimos en la pescadería que retiren la cabeza a la merluza y nos la den abierta en dos y sin la espina central.

En una sartén con aceite de oliva caliente freímos la cebolla picada muy fina hasta que esté bien dorada. Escurrimos y mezclamos con los huevos batidos con un poco de sal. Cuajamos la mitad de la mezcla en una sartén para hacer una tortilla francesa. Repetimos con la otra mitad, obteniendo dos tortillas, y reservamos.

Colocamos la merluza en una fuente que pueda ir al horno, abierta a la mitad, y salamos muy ligeramente, ya que debemos tener en cuenta que el salmón ahumado ya es muy salado. Disponemos en una de las caras las tortillas de cebolla y encima las lonchas de salmón ahumado. Cerramos poniendo la otra cara de la merluza encima, y untamos toda la superficie con una capa generosa de mayonesa casera. Metemos al horno precalentado a 180° durante 30 minutos hasta que la mayonesa esté dorada. Servimos enseguida.

IDEA Para ahorrar tiempo, podéis utilizar una lata pequeña de cebolla frita en lugar de freír la cebolla. Simplemente la escurrís y hacéis con ella la tortilla.

SUGERENCIA Aunque en la pescadería os retiren la espina central y la cabeza de la merluza, pedid que os la pongan para llevar. Son estupendas para hacer un caldo para sopas, arroces o guisos de pescado. Si no lo vais a hacer en el momento, podéis congelarlas y reservarlas para el día que lo necesitéis.

mejillones

EN SALSA PICANTE

¡Cómo me gustan unos mejillones con su salsa picante! En época de mejillones los comemos mucho en casa. Cuando no dispongo de mucho tiempo los sirvo simplemente al vapor con su jugo de cocción, tal y como os cuento al principio de la receta, y solo así ya están riquísimos. Otras veces, los acompaño además de una salsa de tomate picante que hago simplemente calentando tomate frito con un poco de guindilla, y la sirvo en un cuenco aparte para quien quiera. Y ya cuando me quiero esmerar de verdad, hago esta receta con sus verduritas, su cebolla, su ajito, sus pimientos, su tomate y la guindilla... ¡y nos chupamos hasta los codos!

Ingredientes

- 1 y ½ kg de mejillones
- 1 chorro de vino blanco
- 1 hoja de laurel
- 6 bolas de pimienta negra

Para la salsa

- 1 cebolla
- 2 dientes de ajo
- 1 pimiento rojo y 1 pimiento verde
- 1 bote de tomate triturado natural
- Aceite de oliva
- 1 cucharadita de pimentón dulce
- 1 guindilla
- 1 cucharadita de azúcar
- Sal

Limpiamos los mejillones y los ponemos en una cazuela grande junto con el vino blanco, la hoja de laurel y las bolas de pimienta negra. Tapamos y cocemos al vapor hasta que se abran, desechando los que no lo hayan hecho. Sacamos los mejillones a una fuente profunda, quitamos a cada uno la concha de arriba y reservamos.

Colamos el caldo que soltaron durante la cocción y reservamos también.

Pelamos y picamos muy fina la cebolla, los dientes de ajo, el pimiento rojo y el pimiento verde.

En una sartén grande con aceite de oliva caliente freímos la cebolla y el ajo con un poco de sal durante 20 minutos hasta que esté bien pochado. Añadimos el pimiento rojo y el pimiento verde, y continuamos rehogando todo junto, durante 20 minutos más, removiendo para obtener un buen sofrito.

Agregamos el pimentón y la guindilla picada, removemos y echamos el tomate natural, la cucharadita de azúcar y el caldo de cocción de los mejillones que teníamos reservado. Mezclamos y cocemos a fuego lento durante 30 minutos para que reduzca. Vertemos la salsa muy caliente sobre la fuente de los mejillones y servimos enseguida.

IDEA Podemos sustituir el bote de tomate natural y la cucharadita de azúcar, por un bote de tomate frito.

SUGERENCIA A mí me gusta encontrar las verduras en la salsa, pero si preferís no hacerlo, antes de verterla sobre los mejillones, trituradla con la batidora hasta que quede bien fina.

tigres del tío ramón

Yo no conocí al tío Ramón... Era la tía Charo la que nos cocinaba bandejas y bandejas de tigres cuando nos reuníamos. Y es que los devorábamos entre alabanzas a su receta y a su buena mano en la cocina. ¡Cuántas veces pensé en recuperar la receta de los tigres que hacía mi tía Charo! Años después, me acordé de pedírsela a mi prima Ana, que me la dio y me contó que en realidad era de su padre. Aquí tenéis esta joya, ¡la espectacular receta de los tigres de mi tío Ramón!

Ingredientes

- 3 kg de mejillones
- 2 trozos de merluza congelada
- 1 cebolla
- ½ pimiento rojo
- Aceite de oliva
- 2 guindillas
- Perejil fresco
- Pan rallado fino
- Huevo batido
- Sal
- Salsa bechamel (ver receta pág. 223)

Ponemos los mejillones en una cazuela, tapamos y cocemos hasta que se abran, desechando los que no lo hayan hecho. Los sacamos, retiramos las cáscaras, reservándolas para luego, y cortamos los mejillones en trozos grandes.

Ponemos en una cazuela al fuego agua, media cebolla, el perejil fresco y sal. Cuando empiece a hervir, echamos los trozos de merluza y cocemos durante 5 minutos. Sacamos la merluza y la desmenuzamos.

En una sartén grande, echamos un chorro de aceite de oliva, y cuando esté caliente freímos la otra media cebolla y el pimiento rojo picados muy finamente. Cuando las verduras estén bien tiernas, agregamos las guindillas, la merluza y los mejillones, y mezclamos. Removemos durante un minuto, apartamos del fuego y reservamos.

Hacemos la salsa bechamel con mi receta rápida y sin grumos y la echamos en la sartén con todo, mezclándolo bien. Lo vertemos en una bandeja, tapamos con papel film colocándolo en contacto con la superficie para que no se cree una capa dura ni se forme vapor, y dejamos enfriar. Metemos a la nevera durante al menos 4 horas.

Sacamos la mezcla, rellenamos con ella las cáscaras de los mejillones que habíamos reservado, y las pasamos por el huevo batido y después por el pan rallado. Freímos en abundante aceite de oliva caliente a fuego medio y servimos.

SUGERENCIA Con estas cantidades salen unos 30 tigres. Si os parecen muchos, podéis hacerlo con la mitad de los ingredientes. También podéis hacerlos todos y congelarlos una vez los hayáis rellenado, antes de freírlos.

NOTA Mi prima me ha indicado que su padre hacía la bechamel para esta receta utilizando mitad de margarina y mitad de aceite de oliva, y que además usaba harina de repostería. Por si queréis tenerlo en cuenta.

pulpín con patatines

DE MI PRIMA ANA

Cuando le pedí su receta, mi prima me dijo que se la había dado hace muchos años la madre de "no sé quién el de no sé dónde" (me dio nombres, lugares y hasta sobrenombres del pueblo, ja, ja). Pero para nosotros, es el pulpín con patatines que nos puso Ana aquella vez que nos juntamos toda la familia en su casa, o el que llevó aquel año a las piraguas y que estaba de escándalo. Aquí tenéis su receta con sus indicaciones, hacedla tal cual, porque es para chuparse los dedos.

Ingredientes

- 1 pulpo congelado
- 3 cebollas
- ½ pimiento verde
- 5 patatas para cocer
- 1 o 2 guindillas
- Aceite de oliva virgen
- Agua
- Sal

El día anterior, pasamos el pulpo a la nevera para descongelarlo.

Ponemos en una olla abundante agua con sal. Cuando empiece a hervir, agarramos al pulpo por la cabeza y lo asustamos tres veces, metiéndolo en el agua hirviendo y sacándolo del agua de nuevo. Una vez asustado, lo dejamos dentro y lo cocemos hasta que esté al dente, unos 45 minutos, aunque depende del tamaño del pulpo. Lo sacamos y lo cortamos en trozos. Reservamos, guardando también el agua de cocción.

Ponemos en una cazuela profunda aceite de oliva virgen, y cuando esté caliente rehogamos las cebollas muy picadas junto con el pimiento verde cortado en dos trozos grandes. Cuando la cebolla esté casi pochada, agregamos las guindillas y continuamos rehogando hasta que esté bien tierna.

Agregamos las patatas triscadas y un poco del agua de cocción del pulpo, casi hasta cubrir las patatas, y cocemos a fuego lento hasta que las patatas estén casi hechas. A medida que se vaya consumiendo el caldo, agregamos un poco más del agua de cocción del pulpo y continuamos con el guiso.

Cuando las patatas casi estén tiernas, retiramos los trozos de pimiento verde, incorporamos el pulpo troceado y cocemos todo junto durante 10 minutos más a fuego lento, removiendo y rascando con la cuchara el fondo de la cazuela porque el guiso tiende a agarrarse. Servimos bien caliente.

SABÍAS QUE... Las patatas para cocer se caracterizan por poseer más almidón que otras variedades. Por este motivo son ideales para utilizarlas en los guisos, ya que ayudan a ligarlos y además absorben muy bien todos los sabores.

SUGERENCIA No es necesario agregar más sal que la que le echamos al agua de cocción del pulpo. El pimiento verde se retira al final porque lo añadimos solo para dar sabor. Según me dice mi prima, ella lo hace así porque le parece que de otra forma da amargor al guiso, pero a quien le guste que lo pique y lo rehogue con la cebolla. Como todos los guisos, lo ideal es hacerlo de víspera y dejarlo reposar hasta el día siguiente para que se intensifiquen los sabores y adquiera consistencia.

NOTA Ver el Sabías que... de la receta de la sopa de invierno (pág. 66) sobre cómo y para qué triscamos las patatas.

curry de langostinos

¿Os gusta la comida exótica? Ingredientes como la cúrcuma, el cardamomo, el jengibre y el chile, mezclados con la canela y la leche de coco, forman una explosión de colores, aromas y sabores que convierten al instante nuestra cocina en una auténtica fiesta. Si os queréis dejar llevar, ¡debéis probar con este curry!

Ingredientes

- 32 langostinos
- 4 chalotas
- 2 dientes de ajo
- 1 trozo de 3 cm de jengibre
- 2 chiles rojos
- 1 rama de canela
- 6 vainas de cardamomo
- 1 lata de leche de coco sin endulzar
- ½ vaso de agua hirviendo
- Aceite de sésamo o de cacahuete

Para el macerado

- 3 cucharadas de salsa de soja
- 2 cucharadas de zumo de limón
- 1 cucharadita de cúrcuma

Pelamos los langostinos y los evisceramos, realizando un corte a lo largo de la cola por encima del hilito negro, para tirar de él y sacarlo.

Mezclamos en un cuenco la cúrcuma, el zumo de limón y la salsa de soja, echamos los langostinos, mezclamos bien, tapamos y dejamos macerar en la nevera.

Echamos un poco de aceite en una sartén amplia y cuando esté caliente freímos las chalotas, el ajo y los chiles –picado todo muy fino– y el jengibre rallado, durante 10 minutos hasta que se desprendan todos los aromas y adquiera un bonito color dorado. Agregamos la rama de canela, las vainas de cardamomo y los langostinos junto con todo el jugo del macerado, y sofreímos durante 1 minuto hasta que los langostinos cambien de color. Agregamos la leche de coco y el agua hirviendo y cocinamos durante 4 minutos más. Servimos bien caliente acompañado de arroz basmati.

SABÍAS QUE... En las cocinas tailandesa, hindú o china, utilizan habitualmente aceites que no solemos utilizar en nuestra gastronomía, como el aceite de sésamo, aceite de cacahuete o aceite de semilla de uva. Si queréis realizar alguna de estas recetas y no tenéis alguno de estos aceites, usad en su lugar aceite de girasol.

NOTA Ver el Sabías que... de la receta de brochetas mar y tierra con vinagreta (pág. 28) sobre eviscerar los langostinos.

SUGERENCIA La chalota es una variedad de la familia de la cebolla que aporta un aroma muy característico, por lo que os recomiendo su uso en aquellas recetas donde la utilizo. No obstante, si no la encontráis podéis sustituir en este caso las 4 chalotas por 1 cebolleta.

salmón al horno

CON BECHAMEL DE LANGOSTINOS

El salmón es uno de esos pescados que en muchas casas solemos hacer sin complicaciones. Dorándolo a la plancha, servido con un poco de mostaza y acompañado de una ensalada con encurtidos o de espárragos trigueros. Está riquísimo y además es un pescado muy saludable.
Os dejo esta receta para cuando os apetezca variar un poco, muy equilibrada de sabores, deliciosa y que además es un plato ideal para cuando tengáis invitados.

Ingredientes

- 6 lomos de salmón
- 300 g de langostinos
- 1 cebolleta
- 2 puerros
- 1 chorro de brandy
- Aceite de oliva
- 2 cucharadas de perejil fresco
- Salsa bechamel (ver receta, pág. 224)

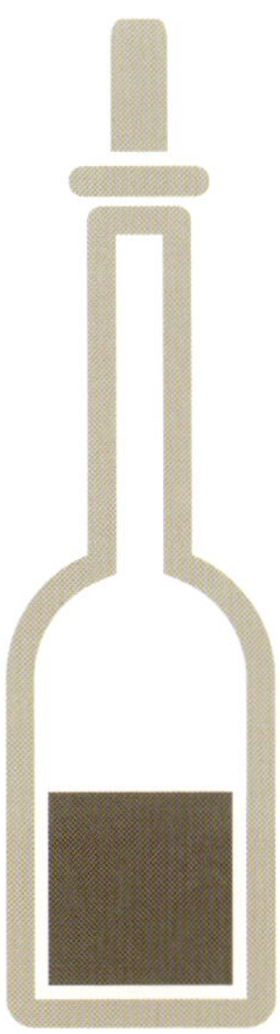

Hacemos la salsa bechamel con mi receta rápida y sin grumos y reservamos.

En una sartén con un poco de aceite de oliva sofreímos el puerro, solo la parte blanca, y la cebolleta finamente picados. Cuando las verduras estén bien pochadas, agregamos el brandy y removemos durante 2 minutos para que se evapore el alcohol. Incorporamos los langostinos pelados y cocinamos durante 2 minutos más hasta que cambien de color. Añadimos el perejil fresco picado y vertemos todo en la cazuela con la bechamel. Mezclamos bien y reservamos.

En otra sartén o en una plancha que tendremos bien caliente y sin necesidad de aceite, freímos los lomos de salmón, solo durante 1 minuto por cada lado, para dorarlos por fuera sin que se hagan por dentro. Sacamos sobre papel absorbente.

Ponemos en una fuente de horno una capa de la bechamel de verduras y langostinos, colocamos encima los lomos de salmón, y cubrimos con el resto de la bechamel. Metemos al horno precalentado a 180° durante 15 minutos hasta que la superficie esté dorada. Servimos recién sacado del horno.

NOTA Ver el Sabías que... de la receta de brochetas mar y tierra con vinagreta (pág. 28) sobre eviscerar los langostinos.

VARIANTE Antes de meter al horno podemos rallar por encima un poco de un buen queso curado, ¡le va de cine!

para poner el broche de oro

¿Qué soléis tomar de postre? Normalmente fruta de temporada o yogur, ¿no? Espero que sí, y que no me digáis, tiramisú, arroz con leche, coulant…, ja, ja. Bueno, doy por hecho que vuestros postres diarios se basarán casi siempre en la primera opción. Peeeero, un día especial es otra cosa. Una comida familiar, una cena con amigos, un cumpleaños… A esas comidas y cenas que preparamos con tanto mimo tenemos que ponerles un buen broche. Os dejo en esta sección muchas recetas para ese broche de oro, ¡y hasta de platino con incrustaciones de diamantes! Ja, ja. Vuestros invitados os van a adorar. Ya volveremos a la fruta mañana…

tiramisú

¡Creo que no hay postre más rico y más agradecido que este! Se hace en poco más de 10 minutos, tiene muy buena presencia y está buenísimo. Cuando tengáis invitados a comer o vayáis vosotros a algún sitio y queráis llevar el postre, acordaos de mí y de mi tiramisú, ¡os hará quedar de maravilla!

Ingredientes

- 5 yemas de huevo
- 2 claras de huevo
- 3 cucharadas de azúcar
- 250 g de queso mascarpone
- 1 taza de café fuerte
- 2 cucharadas de Amaretto (u otro licor dulce, como licor de melocotón, almendras o café)
- 1 paquete de bizcochos de soletilla de los duros
- 1 pizca de sal
- Cacao en polvo sin azúcar y chocolate negro rallado, para espolvorear

Hacemos un café fuerte, lo mezclamos con el Amaretto, o el licor dulce que tengamos, y dejamos enfriar.

Con ayuda de unas varillas eléctricas, batimos las yemas de huevo junto con el azúcar hasta que estén espumosas. Agregamos poco a poco el queso mascarpone, que habremos batido un poco con un tenedor para que esté cremoso, y vamos mezclando. Reservamos en la nevera.

Montamos las claras a punto de nieve con una pizca de sal para ayudar a que queden bien firmes, y las incorporamos a la mezcla de yemas y queso, despacio y con movimientos envolventes.

Extendemos una capa fina de la mezcla en el fondo de la fuente que vayamos a utilizar. Disponemos encima una capa de bizcochos que primero mojaremos rápidamente en la mezcla de café y licor. Cubrimos con la mitad de la crema restante, disponemos encima otra capa de bizcochos mojados, y terminamos con el resto de la crema. Reservamos en la nevera durante 2 o 3 horas, o mejor aún hasta el día siguiente. Cuando vayamos a servir, espolvoreamos con cacao en polvo con ayuda de un colador y con chocolate negro rallado.

SUGERENCIA Procuro que para mis recetas no se necesiten aparatos especiales porque quiero que sean accesibles a todo el mundo. Pero si os gusta la cocina, hacedme caso y comprad unas varillas eléctricas. Son muy baratas y permiten montar claras, yemas o nata en tan solo unos minutos y sin ningún esfuerzo. Hacerlo de forma manual requiere mucho trabajo y probablemente el resultado no sea tan bueno.

arroz con leche

ASTURIANO

"¿Qué preferís, el arroz con leche de Abuelita o el de Tatá?". Nos lo preguntaban a mis hermanos y a mí de pequeños, y no podíamos elegir. El de Abuelita era este, un auténtico arroz con leche asturiano, de los de remover y remover y servir con una capa fina de caramelo requemado. El de Tatá, como ella, práctica y sin complicaciones, 5 minutos en la olla exprés, un poco de canela y ¡listo! Ja, ja. Y bien que presumía ella de que sus nietos apreciaban los dos por igual. Abuelita, Tatá, mi tía Araceli, mi prima Charo, mi madre..., ¡todas ellas hacen un arroz con leche delicioso! Os dejo con la receta de Abuelita, en su honor, y porque es espectacular.

Ingredientes

- 1 taza de arroz de grano redondo
- 3 y ½ l de leche entera aprox.
- 500 g de azúcar
- Agua
- 1 pizca de sal
- 1 trozo de piel de limón
- 1 chorro de licor de anís dulce
- Azúcar o caramelo, para servir

Ponemos en una olla grande y alta a fuego fuerte un dedo de agua, y cuando empiece a hervir agregamos el arroz y cocemos sin dejar de remover con una cuchara de madera para que suelte todo el almidón. Cuando se haya absorbido el agua, añadimos una pizca de sal y comenzamos a agregar la leche, poco a poco, siempre a fuego medio o fuerte, de modo que nunca cese el hervor. Continuamos removiendo, agregando más leche a medida que se vaya absorbiendo, hasta incorporar toda la leche. Nos llevará 1 hora aproximadamente. Cuando llevemos media hora, echamos un trozo de piel de limón, solo la parte amarilla, y continuamos. Cuando queden 10 minutos agregamos el azúcar y el anís dulce, y continuamos removiendo y pasando bien la cuchara por el fondo para que no se pegue. Una vez listo, lo vertemos en un par de fuentes grandes y dejamos reposar. Reservamos en la nevera para servirlo bien frío.

En el momento de servir espolvoreamos la superficie con azúcar y lo quemamos con una pala.

SUGERENCIA Lo típico es servirlo así, con azúcar requemado, pero si no tenéis pala para quemar o soplete en su defecto, podéis hacer un caramelo derritiendo azúcar en una sartén, y echarlo por encima. Otra opción, la de Tatá, es espolvorearlo con canela en polvo. Si lo hacemos de un día para otro, utilizaremos un poco más de leche para dejarlo más caldoso, ya que al enfriar coge consistencia.

coulant de chocolate

No sé si conoceréis el nombre original de este postre, "coulant" (qué exótico, ¿no?). Aunque no conozcáis su nombre, lo que es casi seguro es que lo habréis visto en más de una ocasión porque se ha hecho muy famoso y lo sirven en muchos restaurantes. Pero ¿pensabais que podrías hacerlo vosotros mismos en casa? Pues ¡claro que sí! Os cuento un par de trucos y os animo a hacerlo, porque bonito es un rato, y ya si además sois chocolateros, ¡os va a encantar!

Ingredientes

- 4 huevos
- 115 g de chocolate de cobertura
- 75 g de mantequilla
- 75 g de azúcar
- 75 g de harina
- Cacao en polvo sin azúcar

Ponemos el chocolate en un cuenco y lo derretimos en el microondas a baja temperatura durante unos segundos, vigilando que no se queme. Hacemos lo mismo con la mantequilla. Dejamos entibiar.

Batimos en un bol los huevos con el azúcar. Incorporamos el chocolate y la mantequilla derretidos y mezclamos todo.

Agregamos la harina tamizada, echándola a través de un colador y meneándolo para incorporar aire, y removemos hasta obtener una mezcla homogénea.

Engrasamos por dentro con un poco de mantequilla unas flaneras rígidas y espolvoreamos con el cacao en polvo, sacudiendo bien para cubrir toda la superficie y eliminar el exceso. Rellenamos las flaneras con la mezcla y damos unos golpes dejándolos caer contra la mesa para que se asienten bien. Los metemos durante 12 horas en la nevera o durante 2 horas en el congelador. En caso de meterlos al congelador, los sacaremos 10 minutos antes de hornear.

Metemos los coulants al horno precalentado a 225° durante 8 minutos aproximadamente. Sacamos, desmoldamos pasando un cuchillo alrededor y servimos enseguida, acompañados de una bola de helado.

SUGERENCIA Si no tenéis microondas, podéis derretir el chocolate y la mantequilla al baño María, poniéndolos en un cuenco sobre un cazo al fuego con agua hirviendo y removiendo hasta deshacerlos.

SABÍAS QUE... El tiempo de cocción es vital en esta receta porque el coulant ha de quedar hecho por fuera y líquido por dentro. Os sugiero que probéis a hornear primero un solo coulant. Si al desmoldarlo se desmorona, tendréis que dejar los próximos 1 o 2 minutos más. Si por el contrario, se desmolda bien pero por dentro no queda líquido, necesitará 1 o 2 minutos menos. Tomad nota del tiempo final empleado y así sabréis cuánto tiempo requieren en vuestro horno.

NOTA Con estas cantidades salen 4 coulants. Podéis utilizar el doble aunque no vayáis a comerlos todos y tenerlos de reserva en el congelador. Cuando los necesitéis, los sacáis un rato antes, horneáis en un momento y ya tenéis postre.

las torrijas

DE ABUELITA

¡Qué recuerdo más bonito cuando Abuelita hacía una olla hasta arriba de torrijas! Yo no sé cuántas podíamos llegar a comer de una sentada... Un dulce de toda la vida para aprovechar una barra de pan duro. Con un poco de huevo, leche y azúcar, y en el caso de Abuelita, vino blanco para su maravilloso almíbar, y que se convierta en un postre que no puede ser más delicioso siendo tan sencillo y barato. Si os sobra una barra de pan, acordaos de las torrijas. Es más, comprad pan de más y así tendréis una excusa para hacerlas.

Ingredientes

- 1 barra de pan grande, del día anterior
- Aceite de oliva
- Huevo batido
- Leche
- Azúcar

Para el almíbar de vino blanco

- 6 tazas de agua
- 2 tazas de vino blanco
- 1 taza de azúcar
- 2 ramas de canela

Echamos en un plato hondo un vaso de leche y disolvemos en ella un par de cucharadas de azúcar.

En otro plato hondo batimos 2 o 3 huevos.

Cortamos el pan en rebanadas, las mojamos en la leche con azúcar, las pasamos a continuación por huevo batido y las freímos en una sartén que tendremos a fuego medio con aceite de oliva ya caliente, dorándolas por ambos lados. Sacamos sobre papel absorbente y reservamos.

Para hacer el almíbar ponemos en una cazuela grande y profunda el agua, el vino blanco y el azúcar con las ramas de canela. Llevamos al fuego y removemos hasta que se disuelva el azúcar y comience a hervir. En ese momento, introducimos las torrijas, y las vamos hundiendo en el almíbar con ayuda de un cucharón, para que quepan todas. Dejamos cocer a fuego lento durante 1 hora. Apartamos del fuego y dejamos entibiar. Una vez tibio, metemos en la nevera hasta el día siguiente o hasta el momento de servir.

SUGERENCIA

Haced abundante almíbar porque, al enfriar, las torrijas lo van absorbiendo, y así continuarán teniendo almíbar de un día para otro. Se suelen comer frías, aunque también a temperatura ambiente. En nuestra casa, en cuanto entibiaban un poco, ¡dejábamos la olla temblando!

pasteles de arroz
VASCOS

Soy de Asturias por parte de padre y de León por parte de madre. De ahí que entre las recetas de mi familia encontréis muchas propuestas de ambos lugares. Estos pasteles, de los que no puedo decir otra cosa más que que son PU-RA DE-LI-CIA, pertenecen a la gastronomía vasca, que no es la nuestra. La historia de cómo entraron a formar parte de mi recetario se debe a una familia que veranea junto a la casa del pueblo de mi padre. Cada año nos reunimos allí para "las piraguas" y en una ocasión, uno de los chicos nos maravilló cuando sacó estos pasteles, y más aún cuando nos dijo que los había hecho él. Todos los que allí estábamos nos fuimos con la receta. Tenéis que hacerlos, son exquisitos y no podrían ser más fáciles.

Ingredientes

- 6 cucharadas de azúcar
- 4 cucharadas rasas de harina fina de maíz Maizena
- 2 huevos
- 100 g de mantequilla
- 1 vaso de nata líquida para montar de 35 % MG
- 1 vaso de leche entera

Para las bases

- 12 obleas de empanadilla grandes

Derretimos la mantequilla en el microondas o en un cazo al fuego. La echamos en un bol junto con el resto de los ingredientes y trituramos todo con la batidora.

Colocamos las obleas de empanadilla en 12 moldes rígidos para magdalenas, de silicona o aluminio, que habremos engrasado por dentro con mantequilla. Distribuimos el relleno entre las 12 obleas y metemos al horno precalentado a 180° durante unos 30 minutos hasta que estén ligeramente dorados. Sacamos, dejamos enfriar y servimos.

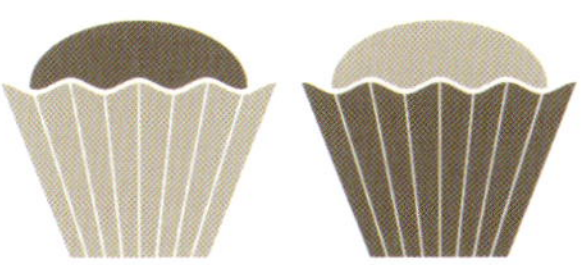

VARIANTE Este amigo de la familia, aquel día llevó dos versiones de pastelillos. Esta que os presento y otros con manzana. Para hacer los de manzana, simplemente antes de hornear, cubrimos la superficie de los pasteles con gajos finos de manzana formando un abanico. Una vez horneados, los pintamos con mermelada de melocotón que habremos reducido previamente en un cazo al fuego para que se espese ligeramente, y dejamos enfriar.

SABÍAS QUE... Al parecer, los pasteles vascos originales se hacen con una base de hojaldre en lugar de con obleas de empanadilla, pero tal y como lo hacía este chico me parece una idea muy apañada. No obstante, si preferís hacerlos con el hojaldre, simplemente comprad una masa de hojaldre refrigerada y recortad círculos para utilizarlos como base.

panchineta

De verdad que no tenemos excusa para no hacer un buen postre. Hay un montón de dulces muy fáciles de preparar, que requieren poco tiempo y que están riquísimos. La panchineta (en euskera "pantxineta") es uno de ellos. Servid a vuestros amigos o familiares un trozo de este pastel con un café después de comer o para merendar, y os los habréis ganado. ¡Repetirán!

Ingredientes

- 2 masas de hojaldre refrigeradas
- Almendra laminada o almendra en granillo cruda
- Huevo batido
- Azúcar glas
- Canela en polvo (opcional)
- Crema pastelera (ver receta pág. 230)

Hacemos mi receta de crema pastelera fácil y dejamos enfriar.

Colocamos una masa de hojaldre sobre la bandeja del horno que tendremos engrasada o cubierta con papel vegetal y pinchamos toda la superficie con un tenedor. Extendemos la crema pastelera una vez fría sobre el hojaldre, dejando 1 cm sin llegar al borde. Pintamos con huevo batido el borde que se ha dejado sin relleno y colocamos encima la otra masa de hojaldre, apretando bien los bordes con un tenedor para sellarlos uniendo ambas masas y que no se salga el relleno durante la cocción. Pintamos la superficie con huevo batido, la pinchamos también con un tenedor y espolvoreamos abundantemente por encima almendra laminada o almendra en granillo cruda. Metemos al horno precalentado a 180° durante 30 minutos hasta que esté dorada. Sacamos, dejamos entibiar y espolvoreamos con azúcar glas y canela en polvo, si se desea. Se puede servir en cuanto entibie o una vez fría.

SABÍAS QUE...

Pinchamos las masas con un tenedor antes de hornear para que no crezcan y no se abomben con el calor, especialmente el hojaldre.

Dejamos enfriar los rellenos, ya sea crema pastelera como en este caso, o por ejemplo un sofrito en el caso de una empanada, porque si los echáramos calientes sobre la masa, la humedecería y se quedaría blanda, incluso con sabor a crudo, ya que no se hornearía bien.

Pintamos con huevo batido o con leche las masas antes de hornearlas para que adquieran un bonito color dorado.

tarta de queso

DE MAMÁ

Seguro que os pasa que hay algunas comidas que al olerlas, morderlas o saborearlas os trasladan directamente a vuestra infancia. Qué sensación más bonita, ¿verdad? A mí me ocurre con esta tarta. Tartas de queso hay muchas, muchísimas, pero para mí (y ahora para mi marido, ja, ja) como esta no hay ninguna. Es la tarta que mi madre hacía cada año en nuestros cumpleaños que siempre celebrábamos en casa y de los que tantos recuerdos guardo. Su toque especial de canela y vino blanco en la base de galleta, marca la diferencia. Disfrutad cada bocado.

Ingredientes

Para la base

- 1 tubo de galletas María
- 80 g de mantequilla
- 1 chorro de vino blanco
- ½ cucharadita de canela en polvo

Para el relleno

- 400 g de leche condensada
- 3 huevos
- 500 g de queso quark o queso fresco batido

Para cubrir

- Mermelada de mora, fresa, arándanos o frutos rojos

Para hacer la base, trituramos las galletas hasta hacerlas polvo y las mezclamos con la mantequilla derretida, el vino blanco y la canela en polvo. Mezclamos todo hasta obtener una pasta. Forramos con ella la base y las paredes de un molde desmontable que habremos engrasado con un poco de mantequilla y reservamos.

Echamos en un bol la leche condensada, los huevos y el queso, y trituramos todo con la batidora. Vertemos sobre la base de galleta y metemos al horno precalentado a 180° durante 45 minutos. Sacamos, dejamos entibiar y reservamos en la nevera. Cuando vayamos a servir, cubrimos la tarta con la mermelada elegida.

IDEA Yo trituro las galletas con una picadora eléctrica, pero recuerdo siempre a mi madre haciéndolo con un rodillo. Ponía un par de hojas de periódico abiertas sobre la mesa de la cocina, echaba encima las galletas y pasaba una y otra vez el rodillo hasta hacerlas polvo. Luego doblaba el periódico y lo inclinaba para hacerlas caer en un bol. Es más, si no tenéis rodillo podéis incluso utilizar una botella de vino o cualquier botella de cristal lisa.

SUGERENCIA Tanto el queso quark como el queso fresco batido los venden en muchos supermercados, pero si no los encontráis, podéis sustituirlo por queso de untar y un chorro de leche, ya que la consistencia de los anteriores es más ligera. Os recomiendo utilizar un molde redondo desmontable de 20 o 22 cm como mucho para que la tarta quede alta.

tarta de manzana

CON CREMA Y COMPOTA

Esta receta era de Abuelita, la madre de mi padre, y como muchas otras, ella se la enseñó a mi madre y mi madre a mí. Es una tarta espectacular, de esas que te hacen sentir mientras la saboreas que quien la hizo le puso mucho cariño. De Abuelita a mi madre, de ella a mí, y de mí a vosotros, va todo ese cariño con nuestra tarta de manzana.

Ingredientes

Para la base

- 250 g de harina
- 100 g de mantequilla
- 6 cucharadas de azúcar
- 2 huevos
- 1 pizca de sal

Para la compota

- 1 kg de manzanas reineta
- 7 cucharadas de azúcar
- El zumo de 2 limones
- Crema pastelera (ver receta pág. 230)
- Gajos de manzana, para adornar

Para hacer la base, ponemos la harina en un bol y hacemos un agujero en el centro. Echamos en él la mantequilla, el azúcar, un huevo y la yema del otro, reservando la clara para luego, y la pizca de sal. Mezclamos con la mano hasta integrar todos los ingredientes y formar una bola, pero sin amasar, ya que se endurecería al cocinarla. Envolvemos la bola de masa con papel film y reservamos en la nevera durante 1 hora.

Sacamos la masa de la nevera, la estiramos ligeramente con un rodillo y la colocamos en un molde redondo de paredes rizadas de 26 cm. Cubrimos con papel de aluminio o papel vegetal, echamos por encima unos garbanzos para que hagan de peso y metemos al horno precalentado a 180° durante 15 minutos. Sacamos, retiramos el peso y el papel, pintamos la masa con la clara de huevo batida que habíamos reservado y la metemos de nuevo al horno durante 5 minutos.

Por otro lado, hacemos mi receta de crema pastelera fácil y dejamos enfriar.

Para hacer la compota, pelamos las manzanas, las cortamos en lascas finas y las ponemos en un cazo al fuego junto con el azúcar y el zumo de limón hasta que estén muy tiernas. Sacamos la manzana cocida a un plato, escurriéndola bien y dejamos el jugo de cocción al fuego para que reduzca y se forme una jalea.

Vertemos la crema pastelera ya fría sobre la base horneada y la extendemos. Echamos encima la manzana cocida y cubrimos con gajos de manzana cortados muy finos hasta tapar toda la superficie. Metemos al horno precalentado a 180° durante 45 minutos hasta que esté dorada. Sacamos, vertemos por encima la jalea hirviendo y dejamos enfriar.

SUGERENCIA Podemos ahorrar tiempo y trabajo utilizando una masa de pasta brisa o quebrada refrigerada de las que venden en los supermercados. Tanto estas como las masas de hojaldre refrigeradas son un buen apaño.

SABÍAS QUE... Hornear una masa colocando encima algún peso como pueden ser unos garbanzos, no es más que un sistema para que la masa no crezca y conserve su forma. Los garbanzos ya no se podrán utilizar para guisar, pero podemos guardarlos y utilizarlos siempre que necesitemos este truco. También se puede colocar encima otro peso, como un molde vacío un poco más pequeño que encaje bien. Una vez horneada, pintamos la masa con una clara de huevo y la horneamos de nuevo porque la clara, al secarse en el horno, forma una capa que impide que la masa absorba la humedad del relleno que se pondremos después y se reblandezca.

tarta guiness

¡Esta tarta es muy famosa! Se trata de un bizcocho de cacao jugoso, con un sabor como a trufa, nada empalagoso, y cubierto con un frosting de queso que te comerías a cucharadas (yo sé de uno que se lo come..., ejem). La presentación simula un vaso de cerveza negra con su espesa espuma. Esto y su nombre se deben a que la masa del bizcocho se hace precisamente con cerveza negra de esta marca. Nunca la he hecho con otra cerveza, así que no puedo deciros si el resultado es el mismo. Encontraréis numerosas versiones de esta tarta con algunas variaciones. Os presento la que yo hago. Es una delicia para todo el mundo, seáis muy chocolateros o no.

Ingredientes

Para el bizcocho

- 250 ml cerveza negra Guinness
- 250 g de mantequilla
- 75 g de cacao en polvo sin azúcar
- 400 g de azúcar
- 140 ml de nata líquida para montar de 35 % MG
- 2 huevos
- 1 cucharadita de vainilla líquida o de azúcar avainillado
- 250 g de harina
- 2 y ½ cucharaditas de bicarbonato

Para el frosting

- 300 g queso de untar
- 150 g de azúcar glas
- 360 ml de nata líquida para montar de 35 % MG

Ponemos en un cazo la cerveza y calentamos a fuego medio sin que llegue a hervir. Incorporamos la mantequilla troceada y removemos hasta que se derrita. Apartamos del fuego y reservamos.

En un bol mezclamos el cacao en polvo, el azúcar, la harina y el bicarbonato.

En otro bol echamos la nata líquida, los huevos y la vainilla, y batimos con unas varillas. Agregamos la cerveza con la mantequilla, y removemos para integrarlo. Echamos esta crema sobre la mezcla de harina y mezclamos bien. Vertemos en un molde desmontable que tendremos engrasado con mantequilla y metemos al horno precalentado a 180° durante 50 minutos. Sacamos y dejamos enfriar.

Para hacer el frosting mezclamos el queso de untar con el azúcar. Por otro lado montamos con unas varillas eléctricas la nata, que ha de estar muy fría, y la agregamos a la mezcla de queso y azúcar realizando movimientos envolventes. Vertemos sobre el bizcocho ya frío, cubriendo la superficie y dejando que resbale ligeramente por los laterales.

IDEA Si al hornear el bizcocho se estuviera poniendo oscuro por la parte de arriba, y al pincharlo con un palillo en el centro este no saliera limpio aún, podéis cubrirlo con una hoja de papel de aluminio y continuar lal cocción.

SUGERENCIA Se puede consumir el mismo día cuando ya esté frío o al día siguiente. La textura cambiará mucho, pasando de ser un bizcocho suave, a uno denso con un sabor más intenso. Ambas opciones deliciosas.

SABÍAS QUE... La nata líquida para montar es un producto lácteo con un 35 % MG (materia grasa) que se bate normalmente añadiéndole azúcar para que se monte, y se utiliza en distintos postres. En España se denomina así, pero en otros países la conocen como crema para batir, crema para chantilly, crema doble o "whipping cream". No la confundáis con la nata líquida para cocinar, que tiene un 15-20 % MG y se utiliza en platos salados para realizar salsas como la salsa carbonara. Esta otra nata, en otros países se conoce como media crema, crema ligera o crema de leche para cocinar.

molde de galletas

CON CREMA DE CAFÉ Y NUEZ

Otra de esas tartas que se hacen en un momento y esta incluso sin necesidad de hornear. Solo tenemos que tener los ingredientes a mano, montarla en 10 minutos y tenerla lista para el postre o la merienda. Está basada en las típicas tartas de galletas de toda la vida, que llevaban una crema de mantequilla de relleno, y habitualmente se cubrían con crema de cacao y coco rallado. Creo que todos tenemos el recuerdo de haber comido una de estas tartas en algún cumpleaños. Esta es una versión un poco más fina, adaptada a los gustos de los adultos, con café, virutas de chocolate y nuez.

Ingredientes

Para las capas de galletas
- 2 tubos de galletas cuadradas
- 1 taza de café
- 2 cucharadas de azúcar

Para la crema de café y nuez
- 250 g de mantequilla
- 100 g de azúcar
- 100 g de nueces peladas
- 1 taza de café

Para adornar
- Virutas o fideos de chocolate
- Almendra laminada o en granillo

Hacemos dos tazas grandes de café solo, un poco cargado, echamos en una de ellas dos cucharadas de azúcar, removemos y dejamos enfriar ambas.

Echamos las nueces troceadas en una sartén sin nada de materia grasa y las tostamos hasta que desprendan su aroma. Las molemos con una picadora eléctrica o con ayuda de un rodillo y reservamos.

Ponemos en un bol la mantequilla ablandada con el azúcar y batimos con unas varillas. Agregamos la nuez tostada molida y batimos de nuevo. Incorporamos la taza de café sin azúcar poco a poco y continuamos mezclando hasta obtener una crema suave. Reservamos.

Vamos mojando las galletas en el café azucarado, solo meter y sacar, y las vamos colocando en una fuente formando la primera capa. Cubrimos con la crema de café y nuez extendiéndola con una espátula, otra capa de galletas mojadas en café, otra de crema, otra de galletas, otra de crema y otra de galletas. Por último, cubrimos con la crema toda la tarta por encima y por los laterales. Espolvoreamos con virutas o fideos de chocolate, almendra laminada o en granillo, cubriendo bien toda la tarta y reservamos en la nevera hasta el momento de servir.

NOTA Este tipo de tarta se hizo muy famosa en los hogares españoles hace muchos años. Habitualmente se hacía con margarina, de un sabor más suave, pero a mí me gusta más utilizar mantequilla.

VARIANTE Se puede sustituir la nuez por avellana tostada molida. También se puede utilizar coco rallado en lugar de frutos secos.

tarta de tres capas

DE CHOCOLATE

Esta famosa tarta es un éxito asegurado, ¡allí donde la llevéis triunfará! Su sabor, su textura y su presencia son espectaculares, y a pesar de que pudiera parecerlo no resulta en absoluto empalagosa. Al contrario, las tres capas de chocolate se equilibran entre sí, desde la más intensa de chocolate negro a la más dulce de chocolate blanco, y la combinación es exquisita. No tardéis en hacerla, estoy convencida de que la repetiréis muchas veces.

Ingredientes

- 150 g de chocolate negro
- 150 g de chocolate con leche
- 150 g de chocolate blanco
- 120 g de azúcar
- 750 ml de nata líquida para montar de 35 % MG
- 750 ml de leche entera
- 3 sobres de cuajada

Para la base

- 1 paquete de galletas
- 100 g de mantequilla
- 1 pizca de canela en polvo

Para decorar

- Cacao en polvo o,
- fideos de chocolate o,
- bolitas de chocolate...

Para hacer la base, trituramos las galletas con una picadora eléctrica y derretimos la mantequilla en el microondas. Mezclamos las galletas, la mantequilla y la pizca de canela, y formamos una pasta con la que cubriremos la base de un molde redondo desmontable previamente engrasado con mantequilla. Metemos a la nevera para que se endurezca.

Para cada capa utilizamos 250 ml de nata, 250 ml de leche, 150 g de chocolate, 40 g de azúcar y 1 sobre de cuajada.

Comenzamos con la capa de chocolate blanco. Ponemos un poco de la leche en un vaso y disolvemos en ella el sobre de cuajada. Ponemos en un cazo al fuego el resto de la leche, la nata y el azúcar. Cuando empiece a hervir, agregamos el chocolate y removemos hasta que se derrita. Incorporamos la cuajada disuelta en la leche y dejamos que hierva a fuego bajo durante 3 minutos sin dejar de remover. Vertemos la mezcla sobre la base de galleta.

Repetimos el proceso de igual forma con el chocolate con leche, y lo echamos encima de la capa de chocolate blanco.

Lo hacemos de nuevo con el chocolate negro y lo echamos sobre el chocolate con leche. Dejamos entibiar y reservamos en la nevera hasta el día siguiente para que cuaje bien. Desmoldamos y decoramos a nuestro gusto.

IDEA Podemos dar un giro a este postre variando la presentación. Lo prepararíamos igual e iríamos distribuyendo cada capa de chocolate en varios vasos o copas para servirlo como postres individuales. De esta forma podemos dejar cuajar mucho cada capa antes de echar la siguiente, evitando los problemas de que se separen o mezclen las capas.

SUGERENCIA Al echar una capa de chocolate sobre otra podemos encontrarnos con dos problemas. Si la capa anterior no ha cuajado lo suficiente, al echar la siguiente podrían mezclarse los chocolates. Para evitarlo, podemos ayudarnos de un cucharón colocándolo bajo el chorro de chocolate para frenar la caída. Si por el contrario se hubiera cuajado demasiado, las capas no se pegarán bien y al servir la tarta se separarán. Para que no ocurra, podemos rascar la capa anterior levemente con un tenedor antes de echar la siguiente, creando una rugosidad para que se adhieran mejor.
Se puede presentar esta tarta invirtiendo o alternendo los chocolates negro, con leche y blanco como se desee, incluso se pueden hacer de 4 o 5 capas, incluyendo chocolates de colores que podéis encontrar en tiendas especializadas.

tarta fácil de frutas

CON CREMA PASTELERA

Esta es una de esas ideas que te sacan de un apuro, como varias de las que hemos visto ya en el libro. Se prepara en un momento, resulta muy rica y refrescante, y además ¡queda preciosa! Si necesitáis improvisar una tarta porque tenéis invitados o para llevar a cualquier sitio, aquí tenéis una buena aliada.

Ingredientes

- 1 masa de pasta brisa refrigerada
- 1 clara de huevo
- 1 hoja de gelatina
- Un poco de agua o zumo de fruta
- Frutas variadas de temporada (mandarina, melocotón, kiwi, plátano, uvas verdes o rojas...)
- Crema pastelera (ver receta en pág. 230)

Hacemos mi receta de crema pastelera fácil y dejamos enfriar.

Sacamos la masa de la nevera, la estiramos ligeramente con un rodillo, y la colocamos en un molde redondo de paredes rizadas cubriendo la base y las paredes. Pinchamos toda la superficie con un tenedor, colocamos encima un trozo de papel de aluminio o papel vegetal y sobre él un peso, que puede ser otro molde ligeramente más pequeño o unos garbanzos. Metemos al horno precalentado a 200° durante 10 minutos. Sacamos, retiramos el papel, pintamos con la clara de huevo batida y metemos de nuevo al horno durante 10 minutos más. Sacamos y dejamos enfriar.

Vertemos la crema pastelera ya fría sobre la base horneada y adornamos haciendo una bonita decoración con las frutas que hayamos elegido. Para darle una capa de brillo, pintamos con la gelatina que habremos disuelto en un poco de agua o de zumo y dejamos secar. Reservamos en la nevera hasta el momento de servir.

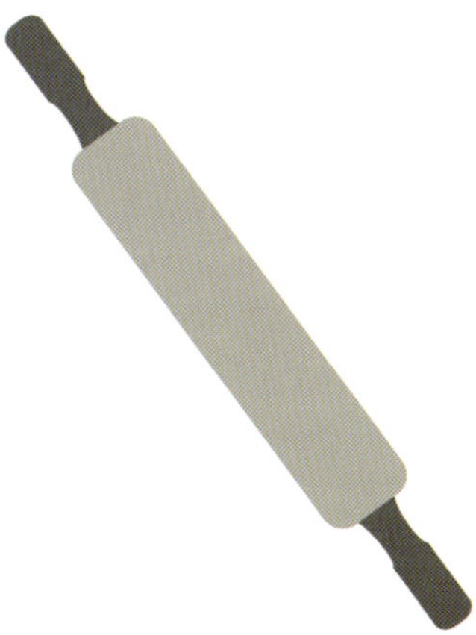

VARIANTE También se puede hacer utilizando una masa de hojaldre refrigerada en lugar de pasta brisa, aunque en el caso de esta tarta yo prefiero utilizar pasta brisa o quebrada por su textura más crujiente y su sabor a galleta.

NOTA Ver el Sabías que... de la receta de la tarta de manzana con crema y compota (pág. 176) sobre el horneado de las masas.

tarta de trufa

CON FRESAS Y FROSTING DE QUESO

Una señora tarta para impresionar. Dos bizcochos jugosos y consistentes con un intenso sabor a trufa de chocolate, cubiertos con un cremoso y azucarado frosting de queso, y con el refrescante toque ácido de las fresas. ¡Una auténtica delicia que por su maravillosa presencia pensarán que habéis comprado en una pastelería!

Ingredientes

Para cada bizcocho (haremos dos)

- 6 huevos
- 100 g de azúcar
- 400 g de chocolate para postres
- 200 ml de nata líquida 35 % MG
- 100 ml de leche

Para el frosting de queso

- 300 g de queso de untar
- 150 g de azúcar glas
- 360 ml de nata líquida 35 % MG

Para el relleno y para decorar

- Fresas frescas

Engrasamos un molde desmontable redondo a poder ser de 22 cm de diámetro, enharinamos y cubrimos la base con un trozo de papel de hornear, cerrando el aro por encima, de modo que sobresalga alrededor del molde.

Para hacer el bizcocho, batimos los huevos con el azúcar con unas varillas eléctricas durante 5 minutos hasta que la mezcla esté cremosa. Agregamos poco a poco el chocolate, que habremos derretido en el microondas o al baño María, y lo vamos incorporando sin dejar de batir. Agregamos la nata y la leche, y mezclamos todo. Vertemos en el molde que tenemos preparado y metemos al horno precalentado a 180° durante 40 minutos. Sacamos y dejamos enfriar. Repetimos la operación con los mismos ingredientes para obtener un segundo bizcocho.

Para hacer el frosting echamos el queso de untar y el azúcar glas en un bol y mezclamos bien.

Echamos en el vaso de la batidora la nata, que ha de estar muy fría, y montamos con las varillas eléctricas. Incorporamos la nata montada al queso y lo integramos realizando movimientos envolventes con una espátula para que no se baje la mezcla.

Colocamos un bizcocho sobre la bandeja en la que vayamos a servir, cubrimos con la mitad del frosting y distribuimos por encima unas fresas picadas. Colocamos encima el otro bizcocho, echamos el resto del frosting dejando que resbale por los laterales y decoramos con unas fresas enteras. Reservamos en la nevera hasta el momento de servir.

SABÍAS QUE... A la hora de hornear un bizcocho, a pesar de haber engrasado el molde que vayamos a utilizar, podemos también cubrir el fondo con papel de hornear y echar la mezcla encima. El papel nos ayudará a la hora de desmoldarlo y además ayudará a que no se reseque el fondo del bizcocho. Este truco podéis utilizarlo siempre que queráis.

SUGERENCIA A lo largo del libro he indicado varias veces que si os gusta la cocina os hagáis con unas varillas eléctricas, ya que facilitan mucho el trabajo. También os he dicho que para montar la nata, esta ha de estar bien fría, ya que se montará más fácilmente. Otro truco que también ayudará a la hora de montar nata es meter el vaso de la batidora y las varillas en la nevera un rato antes para que estén bien frías cuando vayamos a utilizarlas.

para el desayuno, la merienda o el cafetín

Hasta ahora os he mostrado recetas dulces que creo que podríais servir como postre para poner el broche de oro a una comida. En esta sección, en cambio, reúno otros dulces que prepararía más bien para desayunar (espero que no haya nadie por ahí que no desayune o que tome solo un café bebido...), para merendar (no perdáis esta maravillosa costumbre tan nuestra), para acompañar ese cafetín que preparas para unos amigos, o para llevar a casa de alguien cuando eres tú el invitado. Si vivís en un estupendo barrio residencial donde se recibe a los nuevos vecinos con una cesta de mimbre llena de dulces caseros, también os servirán (ja, ja, ¡cuánto mal han hecho las series americanas!). Sea como fuere, disfrutad y haced disfrutar mucho a los vuestros con estos dulces, que para eso están.

palmeritas
DE HOJALDRE

Meteos en la cocina... Dos ingredientes y unos minutos después, saldréis con unas crujientes y riquísimas palmeritas recién hechas que harán las delicias de vuestros amigos. Os van a gustar tanto que a partir de ese día, siempre tendréis una masa de hojaldre en la nevera para estas ocasiones.

Ingredientes

- 1 masa de hojaldre refrigerada
- Azúcar

Espolvoreamos la mesa con abundante azúcar y colocamos encima la masa de hojaldre que habremos sacado de la nevera unos minutos antes para que esté a temperatura ambiente.

Espolvoreamos el hojaldre con una capa generosa de azúcar y hacemos rodar un rodillo por encima, apretando suavemente para que el azúcar se quede pegado al hojaldre.

Cogemos los extremos más largos y los doblamos hacia adentro, haciéndolos coincidir en el centro. Volvemos a doblarlos sobre sí mismos, de modo que los pliegues se junten de nuevo en el centro. Por último, doblamos a la mitad colocando una parte sobre otra. Cortamos la masa en rodajas de 1,5 cm de grosor y las colocamos tumbadas sobre la bandeja del horno cubierta con papel vegetal, separadas unas de otras para que no se peguen al crecer. Metemos al horno precalentado a 210° durante 5 o 10 minutos hasta que estén ligeramente doradas.

SABÍAS QUE... Estas son las palmeritas básicas, pero os dejo un montón de ideas más. Podemos utilizar, además de azúcar, un poco de canela o azúcar avainillado para espolvorearlas, dándoles un toque diferente. También podemos, una vez horneadas, bañarlas en una cobertura de chocolate que haremos derritiendo el chocolate al baño María o en un cazo a fuego lento con un chorro de nata. Una vez sumergidas en el chocolate, las dejaríamos secar sobre una rejilla. Para versiones rellenas, untaremos el hojaldre antes de doblarlo con crema de cacao, dulce de leche o mermelada. También podemos servirlas como un aperitivo salado, si las rellenamos con sobrasada, paté o queso de untar. Incluso podemos utilizar unas lonchas de jamón o salmón ahumado. ¡Como veis esta, idea tan sencilla da para mucho!

SUGERENCIA Tanto primero sobre la mesa como después sobre el hojaldre, sed generosos con el azúcar, ya que es lo que le da la gracia a las palmeritas. Si utilizáis poca quedarán algo sosas.
No os separéis del horno mientras se cocinan porque tardan muy poco y se os podrían quemar.

galletas escocesas
DE MANTEQUILLA

No podían faltar las clásicas galletas de mantequilla, tan fáciles de hacer y únicas para acompañar un café caliente. Crujientes y sabrosas, esta receta auténtica de galletas de mantequilla escocesas os hará muy agradables las tardes de invierno. Son deliciosas, y tienen ese marcado sabor a mantequilla de las galletas tradicionales.

Ingredientes

- 200 g de harina de trigo
- 100 g de harina fina de maíz Maizena
- 200 g de mantequilla
- 100 g de azúcar glas
- 1 pizca de sal

En un bol mezclamos muy bien la mantequilla, que estará a temperatura ambiente, junto con el azúcar glas. Agregamos la harina de trigo, la harina fina de maíz y la pizca de sal, y mezclamos hasta obtener una bola de masa, sin trabajarla demasiado.

Alisamos la masa con ayuda de un rodillo, extendiéndola entre dos trozos de papel film para que no se pegue y nos resulte más fácil, y la dejamos de 1 cm de grosor.

Para hacer las galletas con la forma típica de las famosísimas shortbread escocesas las cortamos en rectángulos alargados, las colocamos sobre la bandeja del horno cubierta con papel vegetal, las espolvoreamos con azúcar y las pinchamos con un tenedor. Si disponemos de tiempo reservamos en la nevera durante 30 minutos.

Metemos al horno precalentado a 180° durante 20 minutos o hasta que estén ligeramente doradas. Sacamos y colocamos sobre una rejilla para que se enfríen.

NOTA Cuando no se indique lo contrario, en cualquier receta utilizad siempre el horno con calor arriba y abajo.

SABÍAS QUE... También es típica otra forma que consiste en recortar un círculo grande de masa y dividirlo en porciones triangulares marcándolas con un cuchillo sin llegar a cortar del todo. Se espolvorean con azúcar y se pinchan con un tenedor de la misma forma antes de hornear. No obstante, si lo preferís, podéis cortar la masa con cortapastas de distintas formas y hacer las galletas a vuestro gusto. Las masas que tienen bastante materia grasa es aconsejable meterlas en la nevera antes de trabajarlas para que estén bien frías al hornearlas y así mantengan su forma y no se desparramen.

VARIANTE Si no tenéis harina de maíz podéis utilizar en su lugar harina de trigo.

rosquillas de anís

La verdad es que no me salen como a mi madre... Muy ricas, sí, riquísimas, ¡pero no como a mi madre! Ja, ja. Y es que son muchos años de experiencia haciéndolas lo que me lleva de ventaja. Solía hacerlas en invierno, si estaba el día feo y tocaba la típica tarde en casa sin mucha tarea, se metía en la cocina, y cuando nos dábamos cuenta había frito ya una fuente enorme de rosquillas de las que dábamos buena cuenta acompañadas con un vaso de leche. Junto con su receta yo he adquirido esa tradición también, y es empezar los días de frío y me pongo con ellas. Se hacen en un momento y resultan unas rosquillas muy ricas, crujientes por fuera y mantecosas por dentro, que te harán visitar muchas veces la cocina, ja, ja.

Ingredientes

- 2 huevos
- 6 cucharadas de azúcar
- 6 cucharadas de aceite de girasol
- 1 chorro de licor de anís dulce
- 1 sobre de levadura química
- 350 g de harina aprox.
- Aceite de oliva suave o aceite de girasol para freír
- Azúcar glas

Echamos en un bol los dos huevos, las seis cucharadas de azúcar, las seis cucharadas de aceite de girasol, el licor de anís, la harina y la levadura química. Mezclamos con una cuchara al principio y luego con las manos, hasta obtener una masa homogénea que se ha de manejar muy bien sin que se pegue a las manos.

Cogemos porciones pequeñas, las hacemos rodar por la mesa para formar churritos, y colocando un extremo sobre el otro iremos haciendo las rosquillas.

Las freímos en una sartén con abundante aceite a fuego medio para que se hagan bien por dentro y se doren por fuera. Sacamos sobre papel absorbente y dejamos enfriar.

Una vez frías, las espolvoreamos con azúcar glas.

VARIANTE Si no se quiere utilizar licor de anís, se puede sustituir por la ralladura de un limón.

carajitos de avellana

Estos deliciosos bocados, con mucha historia detrás, son un dulce muy típico en Asturias, donde la avellana y la nuez son las reinas de los frutos secos dentro de nuestra repostería. Los carajitos de avellana, tan sencillos de preparar con tan solo tres ingredientes, se convierten tras el horneado en una sabrosa pasta, ligeramente crujiente por fuera y muy jugosa por dentro. Os traigo con ellos un trocito de tradición y gastronomía de mi tierrina, que estoy segura os hará disfrutar.

Ingredientes

- 250 g de avellanas
- 100 g de azúcar
- 2 claras de huevo

Ponemos las avellanas en una picadora y las trituramos de modo que quede la avellana molida con algunos trozos más grandes. Lo echamos en un bol y lo mezclamos con el azúcar.

Echamos las claras de huevo en un cuenco, y las vamos agregando a la mezcla de avellana y azúcar muy poco a poco, mientras mezclamos, ya que quizás no necesitemos utilizar todo. Debemos obtener una mezcla húmeda pero manejable, que no se pegue a las manos. Con ayuda de una cuchara, colocamos montoncitos de la mezcla sobre la bandeja del horno cubierta con papel vegetal y la metemos al horno precalentado a 180° durante 20 minutos hasta que estén ligeramente dorados. Sacamos y dejamos enfriar sobre una rejilla para que adquieran consistencia.

SABÍAS QUE... Al parecer, el origen de estos dulces, conocidos como carajitos del Profesor, se encuentra en el café La Casa del Profesor, situado en la villa asturiana de Salas. El nombre del local se debe a que el fundador, un funerario y corresponsal de prensa, fue en su época también profesor de música, y armonizaba las tardes de invierno en su local en Salas, donde todo el mundo le conocía como "el Profesor". Al finalizar la primera guerra mundial, La Casa del Profesor elaboraba unas pastas de avellana para deleitar a los emigrantes que habían regresado de hacer las américas. Parecer ser que un día, un caballero pidió: "¡Dame un carajo de esos!", y desde entonces estas deliciosas pastas empezaron a conocerse como carajitos del Profesor.

SUGERENCIA Lo ideal es comprar las avellanas crudas y tostarlas en una sartén a fuego lento, removiendo hasta que suelten su aroma y se doren ligeramente. Si queremos ahorraros este paso, podemos comprar avellanas ya tostadas.

trenzas de brioche

¡Nada de bollería industrial! Ya no hay excusa para no comer en casa bollería recién hecha y sin grasas de más ni productos añadidos. Si además se trata de estas riquísimas trenzas elaboradas tan solo con aceite, leche, huevos y harina, ¿qué más podemos pedir? Sí, la satisfacción de haberlas hecho nosotros mismos y la cara de felicidad de nuestra familia al tener bollería casera para desayunar. ¡Un lujo!

Ingredientes

Para las trenzas

- 250 ml de leche
- 100 ml de aceite suave
- 40 g de levadura fresca o 1 sobre de levadura liofilizada
- 50 g de azúcar
- 2 huevos
- 1 cucharadita de sal
- 650 g de harina

Para pintar

- Huevo batido
- Azúcar y agua

Mezclamos en un cuenco la leche con el aceite y el azúcar, y lo metemos durante 5 o 10 segundos al microondas para templarlo. Agregamos la levadura fresca desmenuzada o la levadura liofilizada y la disolvemos. Añadimos también los huevos batidos. Incorporamos la harina y la sal, y mezclamos hasta obtener una bola de masa, echando un poco más de harina si estuviera muy pegajosa, hasta que sea manejable. Dejamos reposar durante 20 minutos.

Dividimos la masa en porciones, entre 6 y 10, dependiendo del tamaño del que queramos hacer las trenzas. Partimos cada porción en dos bolas, una el doble de grande que la otra, y las hacemos rodar por la mesa formando dos churros de igual grosor, de modo que quedará uno el doble largo que el otro. Unimos perpendicularmente un extremo del corto al centro del largo formando una T, siendo el palo de la T el churro más corto. Cogemos los extremos del largo y comenzamos a trenzarlos con el del centro, como haríamos para hacer una trenza. Una vez hechas las trenzas, pintamos la superficie con huevo batido y echamos por encima una pasta de azúcar mojada que habremos hecho previamente mezclando en un cuenco azúcar con un poco de agua. Dejamos levar durante 1 hora hasta que doblen su tamaño.

Metemos al horno precalentado a 200° durante 20 minutos hasta que estén ligeramente doradas. Sacamos y dejamos enfriar sobre una rejilla.

TRUCO Si no queremos esperar el tiempo de levado de 1 hora o algo más, hasta que los bollos doblen su volumen, existe un truco con el que podemos acelerar este proceso, que consiste en meter los bollos ya formados al horno apagado que habremos precalentado a 50° durante unos minutos. Con el efecto de calor residual conseguiremos que leven. Luego los sacaremos, encenderemos de nuevo el horno precalentándolo a la temperatura que indique la receta, y los horneameos el tiempo estipulado. Esto lo podemos aplicar a todas las recetas de masas o de bollería.

NOTA Ver el Sabías que... de la receta de empanada fácil de atún o bonito (pág. 104) sobre las levaduras.

hojaldritos de miel

¿Conocéis los famosos hojaldritos de miel? La verdad es que aunque me resultan ricos, sobre todo si los acompaño con un café con leche, el que es fan incondicional de estos dulces es mi marido. ¡Le chiflan! Y siendo tan sencillos de hacer en casa, pues de vez en cuando le sorprendo con ellos. Os los dejo para que los disfrutéis vosotros o para que sorprendáis a alguien.

Ingredientes

- 1 masa de hojaldre refrigerada
- 500 ml de agua
- 750 g de azúcar
- 3 cucharadas de miel
- Unas gotas de limón

Cortamos el hojaldre en rectángulos de 4 x 5 cm y con ayuda de un descorazonador de manzanas sacamos un círculo del centro de cada uno. Los colocamos en la bandeja del horno cubierta con papel vegetal y metemos al horno precalentado a 200° durante unos 15 minutos hasta que suban y se doren ligeramente. Sacamos y reservamos.

Ponemos en un cazo al fuego el agua con el azúcar, la miel y unas gotas de limón, y llevamos a ebullición. Dejamos hervir durante 3 minutos a fuego fuerte para que coja un poco de consistencia, bajamos el fuego al mínimo y dejamos durante 3 minutos más para que pierda un poco de temperatura.

Vamos sumergiendo en el almíbar los hojaldres ya horneados, dejándolos durante 30 segundos por cada lado. Sacamos y dejamos reposar en una bandeja durante unas horas para que se vuelvan tiernos y jugosos.

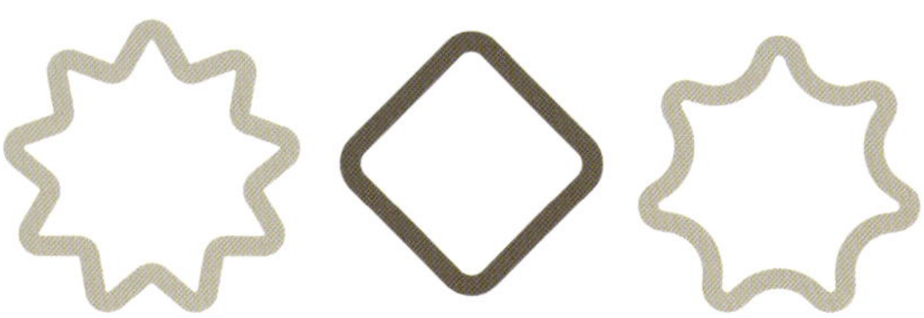

SUGERENCIA Cuando cortéis hojaldre hacedlo siempre con un cuchillo muy afilado y procurando que el corte sea rápido. El hojaldre está compuesto de muchas capas que crecen y se separan durante el horneado, y si lo cortamos con un cuchillo que corte mal, se pegarán unas a otras y no crecerá bien.

SABÍAS QUE... El agujero se hace para que al sumergirlos en el almíbar lo absorban mejor.

IDEA Si no tenéis un descorazonador de manzanas podéis utilizar el tapón de una botella para hacer el agujero central. No tiréis los círculos de hojaldre, podéis aprovecharlos horneándolos y bañándolos también en el almíbar.

casadiellas de nuez

Si habéis entrado en alguna pastelería asturiana, muy probablemente habréis visto, y espero que probado, las casadiellas o "casadielles". Es uno de los dulces más tradicionales de nuestra gastronomía. Se trata de una masa que no es dulce, rellena con una mezcla de nuez molida, azúcar y anís, que posteriormente se fríe. Aunque también existe la versión de relleno de avellana, o mezcla de avellana y nuez, los dos frutos secos por excelencia en los postres asturianos, y la versión de casadiellas horneadas en lugar de fritas. De cualquiera de las formas, "les casadielles asturianes" son una delicia, y las recetas pasan de generación en generación. Os dejo la nuestra.

Ingredientes

Para la masa

- 200 ml de aceite de oliva suave
- 200 ml de vino blanco
- 1 yema de huevo
- 100 g de mantequilla
- 1 cucharadita de levadura química
- 1 cucharadita de sal
- Harina

Para el relleno

- 300 g de nueces peladas
- 150 g de azúcar
- 1 chorro de licor de anís dulce
- 2 cucharadas de mantequilla
- Aceite de oliva suave, para freír

Para hacer la masa, echamos en un bol el aceite, el vino blanco y la sal, y lo batimos con un tenedor. Agregamos la levadura química, la mantequilla ablandada y la yema de huevo, y mezclamos bien. Incorporamos la harina, mezclando con el tenedor poco a poco, hasta lograr una masa que se pueda trabajar. Formamos una bola y la echamos sobre la mesa que tendremos enharinada. Estiramos ligeramente con un rodillo, la doblamos por la mitad, la giramos 90º y la volvemos a estirar con el rodillo. Hacemos esto 3 veces, sin manipular demasiado la masa. Damos de nuevo forma a la bola de masa, la ponemos en un bol cubierta con un paño y la dejamos reposar durante 2 horas en la nevera.

Para hacer el relleno, mezclamos en un bol la nuez molida, el azúcar, el chorro de anís y la mantequilla ablandada.

Cogemos trozos de masa y la estiramos con el rodillo dejándola muy fina. Cortamos rectángulos con un cuchillo, colocamos en un extremo un par de cucharadas del relleno de nuez y enrollamos sobre sí mismos. Sellamos los extremos apretando con un tenedor para que no se salga el relleno y freímos las casadiellas en abundante aceite caliente hasta que estén doradas. Sacamos sobre papel absorbente y espolvoreamos con azúcar.

SUGERENCIA Podemos comprar directamente la nuez molida, pero es mejor comprar los frutos secos enteros y molerlos nosotros, para que mantengan su aroma. Esto es aplicable a cualquier receta. Es más, si no os resulta muy pesado, lo ideal es comprarlos sin pelar, con su cáscara, y hacer el trabajo de pelarlos, tostarlos y molerlos nosotros en casa.

MÁS LIGERA Existe la versión de casadiellas horneadas en lugar de fritas. El resultado es bastante diferente, pero también están muy ricas y resultan más ligeras. Las hacemos de la misma forma, y una vez rellenas y cerradas, las metemos al horno precalentado a 200° hasta que se doren, dándoles la vuelta para que lo hagan por ambos lados.

bizcocho

DE NARANJA

Después del archiconocido bizcocho de yogur, este es el bizcocho que más veces he hecho. En 5 minutos lo estás metiendo en el horno, y queda muy rico y esponjoso, y con ese sabor intenso a naranja que lo hace delicioso. Es un bizcocho ideal para desayunos y meriendas.

Ingredientes

- 1 naranja de zumo de piel fina
- 250 g de azúcar
- 3 huevos
- 70 ml de aceite de girasol
- 170 g de harina
- 1 sobre de levadura química

Lavamos muy bien la naranja y sin pelarla la cortamos en trozos. Echamos los trozos de naranja con piel en un bol, junto con los huevos, el azúcar y el aceite, y trituramos con la batidora hasta obtener una crema.

Agregamos la harina tamizada y la levadura química, mezclamos todo con una espátula para integrarlo y vertemos la mezcla en un molde que tendremos engrasado y enharinado.

Precalentamos el horno a 180° con calor arriba y abajo. Cuando vayamos a meter el bizcocho lo ponemos con calor solo por abajo y cocinamos durante 30 minutos. Sacamos y dejamos enfriar antes de desmoldar.

SABÍAS QUE... Tamizamos la harina para incorporar aire y que los bizcochos queden más esponjosos. Si no tenéis tamizador, podéis hacerlo echando la harina en un colador grande y dando golpes con la mano para que vaya cayendo.

SUGERENCIA Si tenéis invitados y queréis presentar el bizcocho de una forma especial, os dejo una idea que consiste en regarlo con un almíbar y decorarlo con rodajas de naranjas caramelizadas. Para hacer el almíbar, ponemos en un cazo al fuego 100 g de azúcar, 50 ml de zumo de naranja y un chorro de zumo de limón, lo dejamos reducir durante 10 minutos y lo vertemos por encima del bizcocho. Para hacer las rodajas de naranja caramelizadas, ponemos en una sartén al fuego un puñado de azúcar y unas gotas de agua y sin tocarlo, dejamos hasta que se haga un caramelo ligeramente dorado. Metemos unas rodajas finas de naranja en la sartén y les damos unas vueltas para caramelizarlas. Después las colocamos sobre el bizcocho como adorno.

VARIANTE Podemos hacer la misma receta sustituyendo la naranja por otras frutas. Yo lo he hecho, cambiando la naranja por un limón, por dos mandarinas, por una pera o por una nectarina. En todos los casos queda muy rico.

bizcocho de nata

Y NUECES

¡Uno de nuestros bizcochos favoritos y que nació de casualidad! Hace años, me puse a hacer un bizcocho y me encontré con que no tenía aceite ni mantequilla. ¿Qué otra materia grasa podría utilizar? Pues nata, y además tenía dos envases en la nevera. Azúcar, harina, huevos... ¿algo más? Nata y nueces siempre han ido bien, ¿no? Pues nueces... y ralladura de limón para dar un toque aromático. Medir cantidades de una mezcla que ya presagiaba un bizcocho consistente tipo mantecado, temperatura estándar... y "voilà", nació mi bizcocho de nata y nueces que tantas veces me han pedido y que además no puede ser más fácil. Espero que os guste tanto como a nosotros.

Ingredientes

- 1 taza de nata líquida para montar de 35 % MG (400 ml)
- 1 taza de azúcar
- 2 tazas de harina
- 4 huevos
- 1 sobre de levadura química
- 15 nueces
- La ralladura de 1 limón

Echamos en un bol la nata líquida, el azúcar, los huevos, la harina, la levadura química y la ralladura de limón, y trituramos con la batidora. Agregamos las nueces peladas y troceadas, que previamente habremos pasado por harina y sacudido bien, mezclamos y vertemos la preparación en un molde que tendremos engrasado y enharinado. Metemos al horno precalentado a 180° durante 50 minutos comprobando al final de la cocción que al pincharlo en el centro con un palillo, este sale limpio. Sacamos y dejamos enfriar.

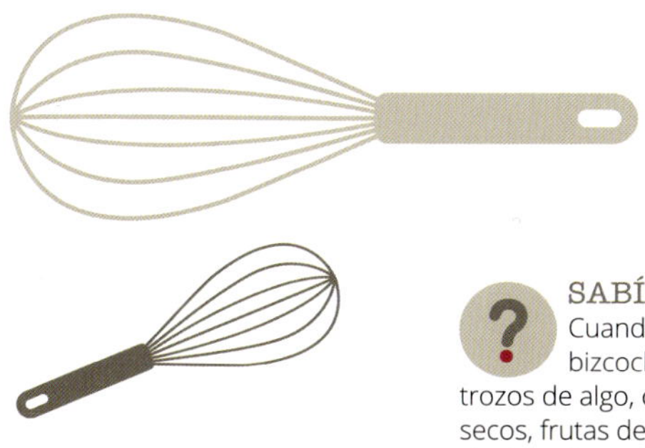

SABÍAS QUE... Cuando agregamos a un bizcocho u otra mezcla trozos de algo, como frutos secos, frutas desecadas o pepitas de chocolate, podemos tener el problema de que durante la cocción se vayan al fondo, cuando lo que queremos es que queden repartidos por el bizcocho. Para ello, basta con enharinarlos antes de agregarlos a la mezcla.

NOTA Echad 400 ml de nata líquida en una taza grande, mirad hasta dónde llega, y utilizad esa misma medida para el azúcar, y el doble para la harina.

bizcocho de chocolate

FÁCIL

¡Este bizcocho es un todoterreno! Sin más trabajo que batirlo todo bien, obtenemos un bizcocho de chocolate estupendo para desayunar o merendar. Además es uno de esos bizcochos que se prestan fácilmente a convertirlos en una tarta, cortándolos con un cuchillo de sierra por la mitad en dos discos, rellenándolo con crema pastelera, nata montada o mermelada de fresa o de albaricoque, untándolo por fuera con crema de cacao y adornándolo con figuras de chocolate con cobertura de colores, resulta muy socorrido como tarta para cumpleaños o fiestas con niños.

Ingredientes

- 4 huevos
- 1 vaso y ½ de harina
- 1 vaso y ½ de azúcar
- 1 vaso de cacao en polvo
- ½ vaso de aceite de girasol
- ½ vaso de leche
- 1 sobre de levadura química
- Azúcar glas

Ponemos en un bol los huevos con el azúcar y batimos muy bien con la batidora o unas varillas eléctricas durante un par de minutos hasta obtener una crema. Agregamos la leche, el aceite, el cacao en polvo, la harina y la levadura química, y batimos de nuevo hasta mezclarlo todo. Vertemos en un molde que tendremos engrasado y enharinado, y lo metemos al horno precalentado a 180° durante 1 hora, comprobando antes de sacarlo que al pincharlo en el centro con un palillo, este sale limpio. Sacamos, dejamos enfriar y espolvoreamos con azúcar glas.

SABÍAS QUE... Mientras se hornea un bizcocho no se debe abrir la puerta del horno, porque al entrar aire bajará la temperatura y el bizcocho no subirá bien. Cuando el bizcocho ya haya pasado en el horno el tiempo necesario y haya subido, podremos abrir ligeramente la puerta para pincharlo en el centro con una brocheta, un palillo o un cuchillo y comprobar que sale limpio, lo que indicará que ya está hecho. Si no saliera limpio, entonces lo dejaremos unos minutos más. Si la superficie estuviera ya muy dorada, podemos cubrirlo con papel de aluminio, para continuar la cocción sin que se dore más por arriba.

magdalenas

DE NATA

Hacer unas magdalenas esponjosas que suban bien y no se desparramen hacia los lados y que además queden con un hermoso copete tiene su técnica. Os cuento algunos trucos para conseguirlo, pero no os preocupéis, estas magdalenas de nata, suban más o menos, queden perfectas o no, ¡estarán riquísimas y os encantarán!

Ingredientes

- 4 huevos
- 350 g de harina de repostería
- 250 g de azúcar
- 250 ml de aceite de girasol
- 100 ml de nata líquida para montar de 35 % MG
- 1 sobre de levadura química
- La ralladura de 1 limón

Echamos en un bol los huevos con el azúcar y batimos durante un par de minutos. Añadimos la ralladura de limón y batimos muy bien de nuevo. Agregamos el aceite y la nata, y volvemos a batir otro par de minutos. Incorporamos la harina y la levadura, y mezclamos todo con una espátula. Dejamos reposar durante 20 minutos.

Colocamos las cápsulas de papel para magdalena dentro de unas flaneras rígidas y las rellenamos hasta ¾ partes de su capacidad. Espolvoreamos con un poco de azúcar y las metemos a la nevera durante otros 20 minutos.

Precalentamos el horno a 230° con calor arriba y abajo, y cuando haya alcanzado la temperatura, bajamos a 210°, ponemos calor solo por abajo y metemos la bandeja con las magdalenas en la segunda ranura del horno empezando por abajo durante 15 minutos hasta que suban y la superficie se haya dorado ligeramente.

TRUCO Se colocan las cápsulas de papel para magdalena dentro de unas flaneras rígidas, de aluminio o de silicona, para que las cápsulas de papel no se abran y permitan crecer a las magdalenas hacia arriba.
Otro de los trucos para que las magdalenas suban bien es dejarlas reposar en la nevera para que la mezcla esté bien fría antes de hornearlas.
Para que la miga resulte esponjosa y suelta es importante batir muy bien y durante bastante tiempo en los distintos pasos, como os indico en la receta.

SABÍAS QUE… En general, siempre que hagamos un dulce que lleve lo que llamamos levadura química, es decir, preparaciones que crecen en el horno con la acción del calor, como bizcochos o magdalenas, obtendremos un mejor resultado si utilizamos harina de repostería, ya que es más fina.
Por otro lado, cuando hagamos un dulce que lleve levadura fresca o levadura liofilizada, es decir, preparaciones que deben levar antes de hornear, como bollería o panes, lo ideal es utilizar harina de fuerza, que es más rica en gluten.

muffins

DE ARÁNDANOS

El muffin es el hermano de Erasmus de la magdalena, y ambos son la versión no pija del cupcake, ¿no? Ja, ja. Bueno, sea como sea, son una estupenda opción para desayunar o merendar, y las posibilidades que nos dan en la cocina son muchas, habiendo versiones con leche, nata o aceite, con frutos secos, frutas desecadas o pepitas de chocolate, con distintas coberturas..., ¡casi lo que se nos ocurra! En este caso, os dejo unos deliciosos muffins de arándanos que además llevan en la masa un poco de almendra que les da un toque buenísimo.

Ingredientes

- 3 huevos
- 250 g de azúcar
- 250 ml de aceite de oliva suave o aceite de girasol
- 250 ml de leche
- 1 cucharadita de azúcar avainillado
- 100 g de almendra molida
- 250 g de harina
- 1 sobre de levadura química
- 2 puñados de arándanos frescos

Batimos los huevos y el azúcar con la batidora o con las varillas eléctricas durante 4 o 5 minutos. Añadimos el aceite y la leche y batimos de nuevo muy bien. Agregamos el azúcar avainillado, la almendra molida, la harina y la levadura química, e integramos todo envolviendo la mezcla con una espátula hasta obtener una crema homogénea.

Colocamos las cápsulas de papel para magdalena o muffin dentro de unas flaneras rígidas y las rellenamos hasta ¾ partes de su capacidad. Echamos por encima los arándanos y metemos al horno precalentado a 210° durante 20 minutos hasta que suban y la superficie esté dorada. Sacamos y dejamos enfriar.

VARIANTE Una opción práctica ya que no siempre encontramos en el supermecado arándanos frescos, y con la que obtendríamos un resultado similar, sería utilizar arándanos deshidratados, rehidratándolos previamente en un poco de agua caliente. Támbien podemos utilizar para distintas versiones diferentes y todas ellas muy ricas los arándanos deshidratados directamente, uvas pasas, nueces troceadas, piñones o pepitas de chocolate.

SUGERENCIA Para estas preparaciones que comienzan batiendo los huevos con el azúcar durante varios minutos, os aconsejo una vez más que os hagáis con unas varillas eléctricas. Si no las tenéis, utilizad una batidora, pero el resultado es mejor con las varillas.

galletas de avena

Y NARANJA CON ACEITE DE OLIVA

Avena, harina integral, aceite de oliva, azúcar moreno, naranja y miel, suena saludable, ¿verdad? Quería incluir unas galletas integrales, sin productos refinados, para enseñaros que unas galletas sanas ¡no tienen por qué parecer de cartón! Ja, ja. Os dejo la receta básica, pero tomad nota también de las variantes que os sugiero, ¡están todas muy ricas!

Ingredientes

- 200 g de copos de avena finos
- 100 g de harina integral
- 100 g de azúcar moreno
- 1 cucharadita de levadura química
- 1 pizca de sal
- 1 huevo
- 2 cucharadas de miel
- 100 ml de aceite de oliva suave
- La ralladura y el zumo de 1 naranja

Rallamos la piel de la naranja primero y la exprimimos después para obtener su zumo. Reservamos ambas cosas.

Echamos en un bol los ingredientes secos: los copos de avena, la harina, el azúcar moreno, la ralladura de naranja, la levadura química y la sal, y mezclamos bien.

Hacemos un hueco en el centro y agregamos los ingredientes líquidos: el huevo, el aceite de oliva, la miel y el zumo de naranja, y removemos con una cuchara integrándolo todo.

Con las manos humedecidas, cogemos porciones de la mezcla, formamos bolas pequeñas y las colocamos sobre la bandeja del horno cubierta con papel vegetal aplanándolas un poco. Metemos al horno precalentado a 200° durante 10 minutos o hasta que se hayan dorado ligeramente. Sacamos y dejamos enfriar unos minutos antes de tocarlas porque podrían romperse. Las colocamos sobre una rejilla y dejamos enfriar completamente.

NOTA Siempre que en una receta os indiquen que agreguemos ralladura de naranja o de limón, tendremos cuidado de rallar solo la parte naranja o amarilla respectivamente, que es la que aporta el aroma. La parte de piel blanca que hay debajo es amarga y añadiría un sabor que no se desea.

VARIANTE Podemos agregar a la mezcla antes de formar las galletas un puñado de uvas pasas, avellanas o pepitas de chocolate. Las tres opciones combinan muy bien con la avena y la naranja y salen unas galletas deliciosas.

craqueladas
DE CHOCOLATE

Estas galletas se hicieron muy famosas hace años. Son especialmente bonitas por el aspecto craquelado que adquieren al hornearlas, y además de ser fáciles de hacer, resultan un bocado de textura crujiente como de galleta por fuera y blanda como de bizcocho por dentro. ¡Todo un espectáculo!

Ingredientes

- 250 g de chocolate negro para postres
- 50 g de mantequilla
- 100 g de azúcar
- 2 huevos
- 200 g de harina
- ½ cucharadita de levadura química
- 1 pizca de sal
- 1 cucharadita de azúcar avainillado
- Azúcar glas

Fundimos el chocolate al baño maría poniéndolo en un cuenco sobre un cazo con agua hirviendo al fuego, y removemos hasta que se deshaga. También podemos fundirlo metiéndolo en un cuenco al microondas a baja temperatura durante un par de minutos.

Agregamos la mantequilla al chocolate y removemos bien para integrar ambas cosas.

Por otro lado, con ayuda de unas varillas eléctricas o una batidora en su defecto, batimos los huevos con el azúcar y el azúcar avainillado durante 5 minutos, hasta que la mezcla doble su volumen y se vuelva blanquecina. Añadimos el chocolate fundido con la mantequilla y lo mezclamos todo.

Incorporamos la harina, la levadura y la sal, tamizándolo con un tamizador o un colador para incorporar aire, y lo unimos mezclando lo justo, sin trabajar demasiado la preparación. Reservamos en la nevera durante 2 horas.

Sacamos la mezcla que habrá cogido consistencia, cogemos porciones y formamos bolas del tamaño de una nuez grande. Las rebozamos abundantemente en azúcar glas y las colocamos en la bandeja del horno cubierta con papel vegetal, separándolas entre sí ya que al hornearse crecerán. Metemos al horno precalentado a 180° durante 10 minutos hasta que se formen grietas en la superficie. Sacamos y dejamos enfriar.

VARIANTE Si se desea, se puede añadir a la mezcla unas nueces pecanas troceadas.

SUGERENCIA Cuando fundáis chocolate en el microondas, hacedlo siempre a baja temperatura, incluso en la opción de descongelar, y mirando cada poco porque se quema con mucha facilidad.

sockerkringla

SUECOS

¡No me equivoco si os digo que estos son de los bollos más deliciosos que he comido nunca! Este nombre tan raro nace de la unión de "socker" que significa "azúcar" y "kringla" que es la forma que tienen. Tuve la suerte de conocer la receta hace muchos años a través de una chica sueca que vive en nuestro país y que fue tan generosa de compartirla con el mundo. Desde entonces guardo esta receta como un tesoro, los he hecho decenas de veces y siempre han sido un éxito allí donde los he llevado.

Ingredientes

- 125 g de mantequilla
- 200 ml de leche
- 25 g de levadura fresca o 1 sobre de levadura liofilizada
- 120 g de azúcar
- 1 cucharada de azúcar avainillado
- 2 huevos
- 550 g de harina
- Mantequilla derretida y azúcar, para pintar

Ponemos en un cuenco la mantequilla y la leche que tendremos a temperatura ambiente. Si fuera necesario podemos meterlo durante unos segundos al microondas para templarlo. Añadimos la levadura fresca desmenuzada o la levadura liofilizada y la deshacemos en la leche. Agregamos el azúcar, el azúcar avainillado, los huevos y la harina, y mezclamos con una cuchara hasta obtener una masa. La volcamos sobre la mesa enharinada y amasamos durante unos minutos hasta que esté elástica y se trabaje bien. Formamos una bola y la dejamos reposar durante 1 hora y media hasta que doble su volumen.

Cogemos porciones de la masa, hacemos rodar cada una sobre la mesa para hacer un churro y lo doblamos por la mitad. Lo sujetamos por los extremos y los giramos en direcciones contrarias, retorciéndolo sobre sí mismo para obtener un cordón. Hacemos un nudo en forma de pretzel metiendo las puntas hacia el centro una sobre la otra. Colocamos los bollos sobre la bandeja del horno cubierta con papel vegetal, tapamos con un paño y dejamos que doblen su volumen. Metemos al horno precalentado a 250° durante 5 minutos. Sacamos y rápidamente pintamos con mantequilla derretida y espolvoreamos con azúcar. Dejamos enfriar sobre una rejilla.

NOTA Ver el Truco de las Trenzas de brioche (en pág. 198) sobre cómo conseguir un levado rápido.

SUGERENCIA Si al formar los bollos la masa se os pega a las manos, podemos ayudarnos engrasándolas con un poco de mantequilla.

¡toma buena nota!

Aquí sí que sí, no podéis perder detalle. Lo que reúno en esta sección no se pueden llamar recetas. Son mi versión fácil de básicos imprescindibles en la cocina, con los que vamos a preparar o a acompañar otros platos y con los que obtendremos un resultado de diez sin complicaciones. Los haréis tantas veces ¡que acabaréis sabiéndolos de memoria!

bechamel fácil,

RÁPIDA Y SIN GRUMOS

Un día encontré a mi madre haciendo bechamel. Deshacía el aceite o la mantequilla, agregaba la harina, removía e incorporaba un chorrín de leche, removía, y otro chorrín de leche, removía..., y así, chorrín a chorrín sin dejar de remover, haciendo brazo y con bastante esfuerzo, me dijo tan tranquila: "Y si me quedan grumos, pues nada, meto batidora." Ja, ja, ja "¡Pero bueno, mamá! ¿Cómo no te he contado cómo hago yo la bechamel? La tengo lista en 5 minutos, y siempre sale bien, cremosa y sin grumos." Y pensé, si mi madre la hace así tienen que haber muchas más personas que sigan el mismo método y que estén cansadas de que después del esfuerzo encima igual no les quede bien. Si eres una de esas personas, toma buena nota porque a partir de hoy ¡serás el rey o la reina de la bechamel!

Ingredientes

- 1 litro de leche
- 80 g de mantequilla y 80 g de harina
- ½ cebolla
- 1 hoja de laurel
- 1 clavo de olor
- Nuez moscada
- Sal y pimienta negra

Ponemos la leche en un cazo al fuego con la media cebolla, el laurel y el clavo de olor. Cuando empiece a hervir, apartamos del fuego y dejamos reposar durante 15 minutos. Colamos y reservamos caliente.

En una cazuela, derretimos la mantequilla. Agregamos la harina y cocemos durante 3 minutos a fuego bajo, sin parar de remover con unas varillas para que pierda el sabor a crudo y sin dejar que llegue a dorarse. Apartamos del fuego, agregamos la leche caliente y removemos con las varillas para disolver la harina. Llevamos de nuevo a fuego lento durante 3 minutos, y continuamos removiendo hasta obtener una salsa suave y espesa. Condimentamos con nuez moscada, sal y pimienta al gusto, y utilizamos como deseemos.

VARIANTE Podéis sustituir la mantequilla por la misma cantidad de aceite de oliva. También podéis utilizar otras especias para aromatizar la leche o prescindir de alguna de las que os indico.

NOTA En función del plato para el que vaya a utilizar la bechamel, utilizo esta proporción u otra. Os dejo una guía:

- 1 litro de leche, 80 g de mantequilla y 80 g de harina, para lasaña, pasta, musaka, huevos rellenos, verduras gratinadas, coliflor o espinacas con bechamel... En definitiva, para cubrir platos que van al horno.
- 1 litro de leche, 100 g de mantequilla y 100 g de harina, para otro tipo de platos en los que se necesita una bechamel más consistente, como croquetas, tigres, huevos carlistas, pechugas Villaroy... Si la preferís más espesa, simplemente tenedla más → tiempo al fuego removiendo hasta obtener la consistencia que deseéis, o aumentad la proporción de mantequilla-harina respecto al litro de leche al gusto.

MÁS LIGERO Si queréis hacer la bechamel un poco más ligera, podéis utilizar leche desnatada, incluso podéis sustituir un poco de leche por un poco del caldo que queráis, que además aportará sabor.

mayonesa

Y SALSA ROSA CASERAS

La mayonesa y la salsa rosa son dos salsas muy ricas y versátiles que utilizamos mucho en la cocina, para servir con ensaladas, pescados y mariscos, patatas, pasteles fríos, sándwiches, canapés...
Si queréis comprarlas, que no sea porque la mayonesa casera no os sale bien, o porque a la salsa rosa no termináis de cogerle el punto. Aquí os cuento cómo hacer mayonesa en un momento, que nunca se corte y que nos quede con la consistencia que más nos guste. También cómo conseguir el sabor tan característico de la salsa rosa, que acompaña como nadie a ensaladas y mariscos. Es muy fácil, solo hay que saber un par de cosas y el resultado es buenísimo. ¿Tenéis dos minutos? ¡Preparadlas caseras!

Ingredientes

Para la mayonesa
- 1 huevo
- Vinagre de manzana o de jerez
- Sal y aceite de oliva suave o aceite de girasol

Para la salsa rosa
- Mayonesa
- Kétchup
- Zumo de naranja
- Brandy
- Pimienta negra

Para hacer la mayonesa echamos en un vaso de batidora, alto y estrecho, el huevo. Añadimos un chorro de vinagre, una pizca de sal y unos tres dedos de aceite de oliva suave o de girasol. Para que nunca se corte y salga perfecta la haremos de la siguiente forma. Metemos la batidora y la ponemos tocando el fondo del recipiente. Sin moverla, comenzamos a batir para que se vaya uniendo el aceite y la mayonesa vaya espesando. Cuando ya se haya integrado casi todo, comenzamos a subir poco a poco hasta integrar el resto del aceite y tendremos la mayonesa lista. Podemos probarla, para ajustar el vinagre y la sal a nuestro gusto y tenerlo medido ya para próximas veces.

Para hacer la salsa rosa, haremos primero una mayonesa. Una vez hecha, agregamos un chorro de kétchup, un chorro de zumo de naranja natural, unas gotas de brandy y un poco de pimienta negra molida. Removemos bien, probamos y rectificamos a nuestro gusto.

SABÍAS QUE... Lo que espesa la mayonesa es el aceite. De este modo, si os gusta más espesa, solo tenéis que agregar un poco más de aceite, o echar menos si la preferís más ligera.

VARIANTE Existen dos versiones para hacer la mayonesa sin huevo, que si nunca habéis hecho seguro que os sorprenderán. Se trata de la llamada "lactonesa", donde simplemente sustituís el huevo por un buen chorro de leche, y la "sojanesa" o "veganesa" (ya que se consume en el mundo vegano), donde sustituís el huevo por un buen chorro de bebida de soja. Al igual que el huevo, la leche de vaca o la bebida de soja ayudarán a emulsionar la mezcla, y utilizando los mismos condimentos, el sabor y la textura nos recordarán mucho a los de la auténtica mayonesa.

SUGERENCIA Al hacer la mayonesa, podemos sustituir el vinagre por unas gotas de zumo de limón. También podemos hacer distintas versiones de mayonesa, por ejemplo agregando al principio junto con el huevo, una cucharadita de mostaza, que le da un toque diferente y muy rico.

masa de pizza

CASERA

Mientras saboreamos una buena pizza, el resto del mundo damos gracias a los italianos por este gran invento. Una base de pan, más o menos fina, más o menos crujiente o esponjosa, cubierta con salsa de tomate y los ingredientes que uno quiera (porque las pizzas admiten de todo), un buen puñado de queso, unos minutos en el horno y el resultado es mucho más que una comida... ¡Es todo un ritual! Noches de viernes, partidos, amigos, pelis... acompañados de pizzas son siempre un buen plan. Y si además son caseras, pocas cosas lo pueden mejorar. Aquí os dejo nuestra receta de pizza casera, la que siempre hacemos, muy sencilla y que nunca falla. ¡Os van a adorar!

Ingredientes

- 250 g de harina
- 125 ml de agua tibia
- 25 g de levadura fresca o 1 sobre de levadura liofilizada
- 1 cucharadita de sal
- 1 cucharadita rasa de azúcar
- 2 cucharadas de aceite de oliva

SUGERENCIA Con estas cantidades se obtiene una pizza del tamaño de una bandeja de horno. Se puede hacer el doble de cantidad, y una vez levada la masa por primera vez, dividirla en dos partes, utilizar una de ellas, y reservar la otra en la nevera para utilizarla en un par de días, o congelarla para utilizarla tiempo después.

Deshacemos en un cuenco la levadura fresca o liofilizada junto con un par de cucharadas de agua tibia y media cucharadita rasa de azúcar. Mezclamos y dejamos reposar durante 20 minutos.

Echamos la harina en un bol grande, hacemos un hueco en el centro y vertemos la mezcla anterior. Añadimos también en el centro la otra media cucharadita de azúcar y el aceite de oliva, y echamos en una esquina la sal. Agregamos agua tibia poco a poco, y vamos mezclando removiendo con un tenedor hasta integrarlo todo. Volcamos sobre la mesa enharinada y amasamos durante 10 minutos hasta obtener una bola de masa lisa, muy elástica y manejable.

Si la masa nos resulta demasiado pegajosa, echamos un poco más de harina, y si por el contrario nos queda muy dura, agregamos un poco más de agua para conseguir una masa fácil de trabajar.

Ponemos en un bol la bola de masa, hacemos en la superficie una cruz con un cuchillo, tapamos con papel film o con un paño húmedo y dejamos reposar durante 1 o 2 horas hasta que doble su volumen.

Volcamos de nuevo la bola de masa sobre la mesa y la estiramos con las manos o con ayuda de un rodillo, dejándola todo lo fina que queramos. Colocamos la masa estirada sobre la bandeja del horno engrasada con aceite o cubierta con papel vegetal y si preferimos que quede esponjosa, la dejamos reposar durante 20 minutos tapada de nuevo con papel film o con un paño húmedo. Si, por el contrario, la preferimos crujiente, nos saltaremos este paso.

Ya tenemos la masa lista para hacer la pizza. Solo nos queda cubrir con una capa de salsa de tomate, distribuir por encima ingredientes a nuestro gusto, espolvorear con queso rallado y meter al horno precalentado a 240° hasta que los bordes de la masa se hayan dorado y el queso se haya fundido.

pan

PARA PRINCIPIANTES

Hacer pan casero es de las cosas más satisfactorias que podéis hacer en la cocina. Existen tantas formas diferentes, tantos ingredientes, tantas técnicas de amasado, tantas opciones de levado… tantísimas recetas, que si nunca lo habéis hecho probablemente no sabréis por dónde empezar. Pues por este, porque ¡tiene truco! Una receta de pan para principiantes, facilísima, sin apenas amasado, sin tiempos de levado, sin ingredientes raros, y de la que obtendréis un pan, vuestro pan, que os hará sentir muy orgullosos. A partir de hoy ¡vuestra casa va a oler muchas veces a pan recién hecho!

Ingredientes

- 175 ml de agua
- 1 cucharada de aceite de oliva
- 25 g de levadura fresca o 1 sobre de levadura liofilizada
- 310 g de harina aprox.
- 1 cucharadita de sal

Ponemos en un cuenco el agua y el aceite de oliva, y lo metemos al microondas durante 5 o 10 segundos, solo para templarlo. Añadimos la levadura fresca desmenuzada o la levadura liofilizada, y la deshacemos bien.

Echamos esta mezcla en un bol más grande, agregamos la harina y la sal encima, y mezclamos con una cuchara de madera. Vertemos sobre la mesa enharinada y amasamos hasta obtener una masa manejable y que no se pegue a las manos. Si resultara muy pegajosa, agregamos un poco más de harina, y si resultara muy seca y dura, añadimos un poco de agua. Damos a la masa forma redonda u ovalada y la colocamos en un molde de cristal con tapa apto para horno que habremos engrasado por dentro con aceite. Hacemos unos cortes en la superficie, lo untamos con aceite y espolvoreamos con un poco de harina. Tapamos el molde con su tapa y lo metemos al horno que estará apagado. Encendemos el horno, ponemos la temperatura a 220° y cocinamos durante unos 40 minutos hasta que la superficie del pan esté dorada. Sacamos del horno, destapamos el molde con cuidado de no quemarmos y colocamos el pan sobre una rejilla hasta que se enfríe completamente.

VARIANTE A este pan básico podemos agregarle distintos ingredientes, como semillas de lino, sésamo o amapola, copos de avena, centeno o cebada, nueces, pipas de girasol, pipas de calabaza, uvas pasas... Lo echaremos a la mezcla junto con la harina y haremos la receta de la misma forma.

NOTA Ver el Sabías que... de la receta de la empanada fácil de atún o bonito (pág. 104) sobre las levaduras.

SABÍAS QUE... Tanto los panes como las galletas o las pastas, al sacarlos del horno lo ideal es dejarlos enfriar sobre una rejilla. Esto se hace para que la base no esté en contacto con una superficie, circule el aire, y no se quede humedecida con el vapor. Así no se ablandará y se mantendrá crujiente.

crema pastelera fácil

¡Qué rica la crema pastelera! Y qué fácil resulta apañar un postre rápido con ella. Utilizando una masa de hojaldre o pasta brisa, o unas simples galletas, y gracias a la maravillosa crema pastelera, podemos preparar una tarta o unos pastelillos en pocos minutos. Luego solo queda cubrir y adornar con chocolate, nata montada, coco rallado, frutas o frutos secos, y tendremos un postre listo para nuestros invitados, o una rica merienda para llevar a casa de unos amigos.

Ingredientes

- 2 huevos
- 150 g de azúcar
- 80 g de harina
- ½ litro de leche

Para aromatizar

- 1 trozo de piel de limón, 1 trozo de piel de naranja, 1 rama de canela o 1 vaina de vainilla.

Ponemos los huevos en un bol y los batimos bien con unas varillas. Añadimos el azúcar y batimos todo de nuevo. Incorporamos la harina y mezclamos con una espátula hasta integrarla.

Agregamos un poco de la leche tibia, removemos, incorporamos el resto de la leche, y removemos de nuevo hasta obtener una crema.

Echamos lo que hayamos elegido para aromatizarla, ya sea un trozo de piel de limón o de naranja, una rama de canela, o las semillas de una vaina de vainilla, y vertemos la mezcla en un cazo. Llevamos al fuego y dejamos hervir durante 10 minutos para que espese, sin dejar de remover con las varillas. Apartamos del fuego y dejamos enfriar antes de utilizar para cualquier preparación dulce.

La podemos reservar en la nevera tapándola con papel film, haciendo que quede en contacto con la superficie.

SABÍAS QUE... Cuando queramos reservar una salsa bechamel o una crema pastelera en la nevera, la tapamos con papel film colocándolo de modo que quede en contacto con la superficie, como he indicado varias veces a lo largo del libro. El motivo de tapar con papel film, es para aislarla del aire y que no se cree una capa dura por encima, y el hacerlo de este modo, pegándolo a la superficie, es para no dejar lugar a que haya condensación y se creen gotas de agua que mojen y nos arruinen la preparación.

¡atrévete a probar cosas nuevas!

He querido poner estas recetas aparte porque entiendo que si no conocéis estos ingredientes, os resultarán raras, y en este libro de cocina solo quería reunir recetas de diez, de esas fáciles de hacer, que siempre salen y que gustan a (casi) todo el mundo.

Me he permitido esta pequeña licencia, porque creo que es bueno y divertido probar cosas nuevas, y porque observo feliz que cada vez hay más personas interesadas en cuidar su alimentación. Si os apetece incorporar nuevos productos a vuestra cocina, aquí os presento tres ingredientes tal vez desconocidos para algunos de vosotros: el trigo bulgur, la quinoa y el mijo. Si los habéis visto en algún herbolario, quizás os hayan llamado la atención pero no os habéis atrevido a comprarlos por no saber cómo cocinarlos. Con estas tres recetas que os propongo tendréis una magnífica excusa para reponerlos una y otra vez en vuestra despensa.

bulgur gratinado

CON TOMATES-ACEITUNAS NEGRAS Y QUESO FETA

El trigo bulgur es uno de los ingredientes típicos de la cocina árabe. Se trata de granos de trigo precocidos, secados y partidos, que se utilizan en muchos guisos y algunas ensaladas, como el famoso tabulé o "tabbouleh". Es un cereal rico en hierro, magnesio, fósforo y potasio, además de serlo en vitaminas del complejo B. Tiene un índice glucémico bajo si lo consumimos en su versión integral, y resulta delicioso y muy fácil de utilizar en nuestros platos, ya que su sabor suave a frutos secos combina muy bien con muchos ingredientes. En esta receta, mezclando ingredientes típicos mediterráneos, como el tomate, el queso feta y las aceitunas negras, con un toque de guindilla y aceite de oliva virgen, obtenemos un plato que a nosotros nos parece exquisito. Hacedla sin miedo, ¡creo que os encantará!

Ingredientes

- 200 g de trigo bulgur
- 500 ml de agua
- 4 tomates
- 1 guindilla
- 200 g de queso feta
- 12 aceitunas negras sin hueso
- Aceite de oliva virgen
- Sal y pimienta negra

VEGETARIANOS
Quienes sigáis una dieta vegetariana, probablemente conoceréis el trigo bulgur y lo utilicéis habitualmente en vuestra cocina. A vosotros no tengo que convenceros para que probéis este ingrediente, pero sí os animo a hacer esta receta, mi favorita. Si seguís una dieta vegana, se me ocurre que podéis sustituir el queso feta por dados de tofu previamente marinados en limón con sal, para simular la acidez y el salado de este queso.

Cortamos los tomates en rodajas gruesas, el queso feta en dados y las aceitunas negras en aros.

Echamos el trigo bulgur en un cuenco grande con media cucharadita de sal, removemos y reservamos.

Ponemos el agua en un cazo al fuego y cuando comience a hervir la vertemos sobre el trigo bulgur, tapamos y dejamos reposar durante 5 minutos. Escurrimos si fuera necesario.

Extendemos el trigo bulgur en una fuente grande que habremos engrasado con aceite de oliva, disponemos por encima las rodajas de tomate y salpimentamos a nuestro gusto. Espolvoreamos por encima la guindilla picada muy fina y regamos con un hilo de aceite de oliva. Metemos al horno precalentado a máxima potencia con el grill para gratinarlo durante 5 minutos. Sacamos del horno, distribuimos por encima los dados de queso feta y los aros de aceitunas negras, y metemos de nuevo al horno a gratinar durante 15 minutos más hasta que el queso feta esté dorado. Servimos enseguida.

quinoa con setas,

TOMATES Y HIERBAS FRESCAS

La quinoa es un pseudocereal originario de los Andes. Se trata de uno de los llamados "superalimentos", debido a sus propiedades. Es una de las plantas más ricas en omega 3 y en proteínas, y uno de los pocos alimentos vegetales que posee en su composición todos los aminoácidos esenciales. Es rica en magnesio, calcio y zinc entre otros minerales, y en vitamina E y vitaminas del complejo B. Además, debido a su bajo índice glucémico y a su alto contenido en fibra, es ideal para quienes padecen diabetes, y al no contener gluten, pueden consumirla las personas celíacas. Esta receta que os presento, tan sencilla, con ingredientes naturales y poca cocción, es un plato fresco y digestivo donde se aprecia lo delicado de todos los sabores y que resulta realmente delicioso.

Ingredientes

- 1 vaso de quinoa
- 2 vasos de agua
- 1 cebolla
- 2 tomates
- 400 g de setas
- Aceite de oliva virgen extra
- Zumo de limón
- Albahaca fresca
- Perejil fresco
- Sal y pimienta negra

Echamos la quinoa en un colador, lo colocamos sobre un bol con agua fría y removemos, frotando las semillas entre las manos, durante un par de minutos para lavarla bien. Una vez lavada, la echamos en una cazuela, agregamos dos vasos de agua y ponemos a fuego fuerte. Cuando empiece a hervir, bajamos a fuego medio, tapamos y cocemos durante 10 minutos hasta que haya absorbido toda el agua. Retiramos del fuego y reservamos.

Ponemos una sartén amplia al fuego y cuando esté bien caliente, echamos un poco de aceite de oliva y rehogamos las setas troceadas durante unos minutos dorándolas ligeramente. Agregamos un poco más de aceite, incorporamos la cebolla picada, salpimentamos y rehogamos durante 20 minutos a fuego medio.

Añadimos un chorro de zumo de limón, removemos y apagamos el fuego. Con el fuego apagado, incorporamos la quinoa escurrida, los tomates troceados, la albahaca y el perejil fresco picados, y mezclamos todo con cuidado. Servimos caliente o tibio.

SABÍAS QUE...
Lavamos la quinoa antes de consumirla frotándola suavemente entre las manos para eliminar la capa de saponinas que la recubre, que puede ser tóxica y aporta un sabor amargo. No obstante, la quinoa ya se comercializa bien lavada y apta para consumo.

mijo aromático

CON VERDURITAS Y PIÑONES

El mijo es un cereal rico en proteínas, minerales como el fósforo, el zinc y el magnesio y vitaminas del complejo B. Destaca por ser un cereal alcalinizante, muy digestivo y libre de gluten, por lo que pueden consumirlo las personas celiacas. Tiene un sabor muy neutro y suave, que podemos integrar fácilmente en muchos platos. Esta receta, con muchas verduras, con los aromas exóticos del coriandro, el jengibre y el cardamomo, el sabor tan delicado de los piñones y el mijo envolviéndolo todo, es un placer para los sentidos. ¡Disfrutadla!

Ingredientes

- 250 g de mijo
- 800 ml de agua
- 1 cebolla
- 1 pimiento rojo
- 4 de zanahorias
- 250 g de judías verdes redondas
- 1 puñado de piñones
- Aceite de oliva
- Sal y pimienta negra

Para el majado
- 1 diente de ajo
- 3 semillas de cardamomo
- ½ cucharadita de jengibre fresco rallado
- ½ cucharadita de coriandro
- ½ cucharadita de comino en grano

Cortamos la cebolla, las zanahorias y el pimiento rojo, todo en dados pequeños.

En un mortero, echamos los ingredientes del majado, y machacamos bien hasta obtener una pasta. Reservamos.

En una sartén grande sin materia grasa, tostamos el mijo crudo y los piñones durante 2 minutos, sin dejar de remover, hasta que desprendan su aroma. Sacamos de la sartén y reservamos.

En la misma sartén calentamos un poco de aceite de oliva, vertemos el majado del mortero y rehogamos durante 1 minuto. Echamos la cebolla y freímos durante 15 minutos hasta que esté tierna. Agregamos la zanahoria y sofreímos durante 10 minutos más. Incorporamos el mijo y los piñones, salpimentamos y mezclamos todo.

Ponemos el agua en un cazo al fuego y cuando comience a hervir, lo vertemos en la sartén sobre el mijo. Dejamos a fuego fuerte para que recupere el hervor, tapamos, bajamos el fuego y cocinamos durante 15 minutos más.

Distribuimos por encima el pimiento rojo y las judías verdes, y no removemos para que queden encima y se hagan al vapor. Tapamos de nuevo y cocinamos durante los últimos 15 minutos.

Apartamos del fuego, esponjamos el mijo removiendo todo con un tenedor y servimos enseguida.

NOTA Algunas especias como el coriandro o el cardamomo pueden resultar difíciles de encontrar. Buscadlas en herbolarios y tiendas gourmet.

VARIANTE Podemos sustituir las judías verdes o el pimiento rojo por otras verduras que también funcionan muy bien con el mijo, como la calabaza o calabacín. También podemos sustituir los piñones por avellanas troceadas.